护理职业教育"互联网+"融合式教材

总 主 编 唐红梅 汤 磊
执行总主编 徐 敏

汤磊 徐敏◎主编

卫生法律法规

Health Related Laws and Regulations

数字教材

汤磊 徐敏 主编

U0331545

上海交通大学出版社
SHANGHAI JIAO TONG UNIVERSITY PRESS

内容提要

本教材是由长三角护理贯通职业教育联盟组织编写的护理专业"互联网＋"融合式教材之一。全书由三篇十七章构成,第一篇为医疗护理相关的一般法学理论,第二篇为医疗护理相关的主要法律制度,第三篇为生命科学发展中的法律问题。内容涵盖卫生法律法规的基本理论、卫生法律救济、护理立法、护理执业基本法律制度以及医疗纠纷处理、母婴保健、药品管理、血液管理、传染病防治、突发公共卫生事件应急处理、医院感染管理、疫苗流通和预防接种、中医药管理、精神卫生管理等法律制度和规定,同时还关注了人工生殖技术、器官移植、安乐死等生命科学发展中的法律问题。以纸质教材和数字资源相结合的方式呈现,囊括章前引言、学习目标、思维导图、云视频、拓展阅读、在线案例、PPT课件、复习与自测等。本教材主要适用于护理专业贯通式教学使用,也可供护理专业中、高职教学选用或参考。

图书在版编目(CIP)数据

卫生法律法规/汤磊,徐敏主编. —上海:上海
交通大学出版社,2022.11
护理职业教育"互联网＋"融合式教材
ISBN 978-7-313-26594-4

Ⅰ.①卫… Ⅱ.①汤…②徐… Ⅲ.①卫生法-中国
-高等职业教育-教材 Ⅳ.①D922.16

中国版本图书馆 CIP 数据核字(2022)第 017140 号

卫生法律法规
WEISHENG FALÜ FAGUI

主　　编：汤　磊　徐　敏
出版发行：上海交通大学出版社
邮政编码：200030
印　　制：上海景条印刷有限公司
开　　本：787mm×1092mm　1/16
字　　数：196 千字
版　　次：2022 年 11 月第 1 版
书　　号：ISBN 978-7-313-26594-4
定　　价：48.00 元

地　　址：上海市番禺路 951 号
电　　话：021-64071208
经　　销：全国新华书店
印　　张：9.25
印　　次：2022 年 11 月第 1 次印刷
电子书号：ISBN 978-7-89424-287-7

本书编委会

主　编

汤　磊　上海健康医学院

徐　敏　上海健康医学院

副主编

朱晓卓　宁波卫生职业技术学院

徐晶心　上海健康医学院附属卫生学校

王艳梅　上海市浦东新区公利医院

编委会成员（按姓氏汉语拼音排序）

程笑嵘　上海市浦东新区公利医院

董晓燕　浙江省海宁卫生学校

冯　晴　上海市浦东新区公利医院

何　周　上海市锦天城律师事务所

米　岚　宁波卫生职业技术学院

潘敏侠　江苏省南通卫生高等职业技术学校

商汝冰　上海市锦天城律师事务所

王　珺　江苏省南通卫生高等职业技术学校

王婷婷　上海健康医学院

巫倩雯　浙江省衢州工商学校

严建军　上海市浦东新区公利医院

曾莉燕　浙江省衢州工商学校

张敏洁　上海市浦东新区公利医院

张悦敏　上海市浦东新区公利医院

周　伟　安徽淮南卫生学校

护理职业教育"互联网＋"融合式教材
出 版 说 明

护理学是一门面向全生命周期,以维护、促进、恢复健康,提高生命质量为目标,集自然科学、社会科学和护理理论、知识、技能的综合性应用科学,是医学科学的重要组成部分。随着经济社会的快速发展、人类疾病谱改变以及人口结构的变化,公众对健康的追求不断提高,随之而来是对护理服务的需求和质量提出了新的要求,亟须卫生类院校培养更多的具有扎实的护理专业理论与技能、一定的国际视野和知识迁移能力,适应职业岗位需求的实用型、发展型人才。

2010年,护理专业中职与高职的贯通式教育培养试点在上海率先启动。随后,聚合高校和中职力量,以长学制培养护理技能型人才的贯通式教育在各地陆续实施。经过近十年的探索与实践,贯通式教育在为学生开辟一体化专业成长通道的同时,从护理职业教育的新生力量逐渐成长为重要的培养模式。

为贯彻落实《国家职业教育改革实施方案》关于"进一步办好新时代职业教育""适应'互联网＋职业教育'发展需求"的精神,根据《国务院办公厅关于深化医教协同进一步推进医学教育改革与发展的意见》中提出的"调整优化护理职业教育结构""积极推进卫生职业教育教学改革"的要求,在"健康中国"战略和长三角区域一体化发展的背景下,我们整合了沪、苏、浙、皖三省一市的护理职业教育优质资源以及临床专家、技术骨干,策划并编写了本套教材。本套教材旨在适应现代职业教育发展的要求,符合护理专业高水平技能型人才培养的需要,体现学校教育与临床实践的紧密对接,发挥学生自主学习能力,为护理专业贯通式职业教育教学改革提供可选择、可使用的教材支持。

整套教材主要体现以下四个特点:

(1) 整合性:打破学科界限,以"器官-系统"为主线,按"形态-功能-病理-药理-诊断-护理"整合医学基础课程和临床护理课程,实现基础与临床的纵向融合,注重培养学生解决实际问题的能力,也可满足 PBL 等的教学应用。

(2) 适用性:突出能力培养导向,注重专业教育与岗位需求的对接、课程教学与临床实践的对接,理论知识以"必须、够用"为基本原则,教材内容兼顾执业资格考试要求。

(3) 一体化:编写团队中包括高校、中职校的教师以及护理行业专家、一线技术骨干,充分体现了贯通式培养的培养模式一体化、课程设置一体化、教学内容一体化,也体现了护理职业教育的产学一体化。

(4) 实用性:以传统纸质教材为基础,配套数字教学资源,在保持科学性的前提下,为书包减负,让课堂翻转,达到既可教学又可自学,既能学深也能浅斟的目的,数字化教学资源可让教材变为学材,促进学生自主学习、主动学习。

本套教材共 20 册,包括"器官-系统"整合式教材 9 册、专业基础和技能类教材 11 册,主要适用于护理专业贯通式教育教学,也可供护理专业中、高职教学参考。

在本套教材即将出版之际,特别感谢编委会全体成员的辛勤付出,感谢编者所在单位对教材编写过程给予的大力支持!限于编写时间和编写者的学识水平,教材中难免存在疏漏和不妥之处,恳请广大师生和读者提出宝贵意见,以便在修订过程中予以完善。

前　言

20 世纪 70 年代，人类医学模式从生物模式向"生物-心理-社会"医学模式逐渐转变，医学与人文社会科学的结合日益紧密，一批批医学与其他学科交叉的新兴学科不断形成和发展，卫生法学便是其中一门医学与法学的交叉学科。

随着我国法治社会建设进程的加快，人们的法治意识不断提高，医药卫生领域的法治建设也面临着新的挑战。医护人员依法从医、依法执业的理念和能力需要强化，除了扎实的理论知识、精湛的专业技能外，一定的法学基础知识尤其是医药卫生相关法律法规知识成为医护人员综合素质的必备要素，这对于医护人员在临床工作中切实履行岗位职责、有效维护患者的生命健康权以及自身的合法权益具有重要意义。基于此，对医学生进行知法、学法、用法能力的培养显得尤为重要，兼具医学和法学知识的卫生法律法规成为医学类职业教育课程体系的重要组成部分。

《卫生法律法规》是编写组针对护理专业贯通式教育卫生法律法规课程而建设的教材，全书共三篇十七章，包括护理立法、护理执业基本法律制度等与护理工作直接相关的法律知识以及医疗纠纷处理、医院感染管理等临床医疗工作相关的法律法规，同时也对人工生殖技术、安乐死等生命科学发展中的问题进行了讨论。本教材希望通过纸质与数字资源的结合,为护理专业贯通式教育卫生法律法规课程教学提供教材支持,帮助学生拓宽知识结构、积累卫生法律法规的一般理论、初步形成"准护士"应有的法律意识、法治思维以及对护理工作中的法律现象进行判断、分析和处理的能力。

本书为长三角护理贯通职业教育联盟推出的系列教材之一,编写团队涵盖上海、江苏、浙江、安徽的护理和法律从业人员,既有院校教师,又有行业专家和一线护理骨干;既有护理专业人员,又有法律界人士;既有应用型本科院校教师,又有中、高职院校教师,编写者的组成结构较为合理,兼顾了护理贯通式教育教学的需求以及护理学、法学知识交叉的需要。在此向本书编者以及为本书编写提供支持、指导和帮助的每一位成员表示衷心感谢!本书在编写过程中参阅了国内外众多卫生法学论著和卫生法律法规书籍,在此一并表示诚挚谢意。

由于编写者知识和能力所限,书中应会有疏漏和不足,希望读者赐教斧正,以便编写团队对本书进行持续修改完善。

汤 磊 徐 敏

2022 年 7 月

目　录

第一篇　医疗护理相关的一般法学理论

第二篇　医疗护理相关的主要法律制度

第三篇　生命科学发展中的法律问题

第 **一** 篇

医疗护理相关的
一般法学理论

第一章　卫生法律法规的基本理论

章前引言

　　卫生法律法规是指由国家制定或认可,并由国家强制力保证实施的旨在调整和保护公民生命健康活动中形成的各种社会关系的法律规范的总和。以围绕人体健康生命权益而产生的各种社会关系为调整对象,以保护公民生命健康权为根本宗旨,其渊源包括宪法、卫生法律、卫生行政法规、卫生行政规章、卫生标准和国际卫生条约等。

　　卫生法律关系是指由卫生法律所调整的、在卫生管理和医药卫生预防保健服务过程中国家机关、企事业单位、社会团体或者公民之间的权利与义务关系,由主体、客体和内容三方面要素构成。法律事实是能够引起卫生法律关系产生、变更和消灭的事件和行为,包括法律行为和法律事件。

　　卫生法律责任包括行政责任、民事责任和刑事责任。

学习目标

(1) 能阐述卫生法律法规的概念。

(2) 能阐述卫生法律法规的特征。

(3) 能阐述卫生法律关系的基本原则。

(4) 能运用卫生法律关系理论分析医患关系。

(5) 能区分卫生法律事件和卫生法律事实。

(6) 能运用卫生法律法规渊源的知识分析法律效力情况。

(7) 能区分卫生行政责任、民事责任和刑事责任。

思维导图

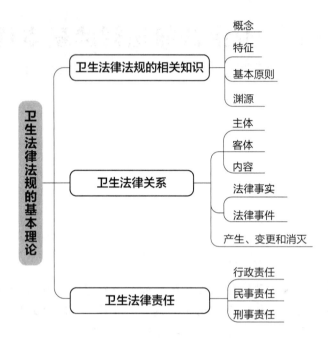

卫生法律法规的基本理论
- 卫生法律法规的相关知识
  - 概念
  - 特征
  - 基本原则
  - 渊源
- 卫生法律关系
  - 主体
  - 客体
  - 内容
  - 法律事实
  - 法律事件
  - 产生、变更和消灭
- 卫生法律责任
  - 行政责任
  - 民事责任
  - 刑事责任

案例导入

　　深夜,某县人民医院急诊科收到 120 救护车送来的一名昏迷患者。该患者没有身份证件,没有家属陪同,随身也没有带钱。据了解,该患者是在路边被发现的一名流浪汉。治疗过程中,医护人员发现这名患者病情严重。考虑到无人付医药费,当晚该院副院长兼外科主任、急诊科护士长开着医院车辆,将该患者抛弃在路边。次日,被路人发现这名病危患者已死亡,随后报案。不久后案件告破,公安机关以涉嫌故意杀人罪、伪证罪等刑事拘留了该院院长、副院长、急诊科护士长 3 人。

　　问题:

　　请分析本案中存在哪些卫生法律关系?

第一节　卫生法律法规概述

　　□ 拓展阅读 1-1　卫生法律法规的起源和发展

　　早在 2 000 多年前我国就已经制定了卫生方面的法律规范。《周礼》记载了当时的卫生管理制度,包括司理医药的机构、病历书写和医生考核制度等。法律法规对于规范医疗服务行为具有重要意义。

一、卫生法律法规的概念

卫生法律法规是指由国家制定或认可，并由国家强制力保证实施的旨在调整和保护公民生命健康活动中形成的各种社会关系的法律规范的总和。包括由全国人民代表大会及其常务委员会制定的各种卫生法律，还包括被授权的其他国家机关制定和颁布的从属于卫生法律的、在其所辖范围内普遍有效的卫生法规和规章，以及宪法和其他规范性法律文件中涉及卫生方面的内容。

二、卫生法律法规的特征

卫生法律法规和其他部门法律法规相比，具有自己独有的特点。

1. 以保护公民生命健康权为根本宗旨

生命健康权是公民人身权中一项最基本的权利。卫生法律法规以保障公民的生命健康权为根本宗旨，这正是它区别于其他法律部门的主要标志。

2. 是行政、民事和刑事法律规范相结合的法律法规

卫生法律调整的社会关系的广泛性决定了其调整手段的多样性：既要采用行政手段调整卫生行政组织管理活动中产生的社会关系，又要采用民事手段调整卫生服务活动中的权利义务关系，对在医疗服务过程中出现的严重侵权行为还要追究相应的刑事责任。

3. 与医学等自然科学的发展关系密切

卫生法律法规的内容中含有大量的医学技术成果，既显示了其技术性、专业性，也说明了卫生法律的普遍性、广泛性。同时，随着医学的发展与进步，卫生法律法规也不断面临新的问题，如涉及器官移植、脑死亡、基因诊断与治疗、生殖技术等问题，需要制定相应的法律规范，而原有的卫生法律法规也需要不断修改和完善。

三、卫生法律法规的基本原则

卫生法律法规的基本原则是卫生立法的基础，是卫生法律法规所确认的卫生社会关系主体及其卫生活动必须遵循的基本准则，包括保护公民健康的原则、预防为主的原则、中西医协调发展的原则、国家卫生监督原则。

四、卫生法律法规的渊源

卫生法律法规的渊源是卫生法律法规的具体表现，主要有以下几种：

1. 宪法

宪法是我国的根本大法，它是由我国最高国家权力机关——全国人民代表大会依照法定程序制定的具有最高法律效力的规范性法律文件。我国宪法中有关保护公民生命健康的、与医药卫生方面相关的条款，就是我国卫生法律的立法依据。

2. 卫生法律

卫生法律是指由全国人民代表大会及其常务委员会制定的有关卫生方面的专门法

律,其效力低于宪法。现在颁布的有《中华人民共和国基本医疗卫生与健康促进法》《中华人民共和国食品安全法》《中华人民共和国药品管理法》《中华人民共和国国境卫生检疫法》《中华人民共和国传染病防治法》《中华人民共和国红十字会法》《中华人民共和国母婴保健法》《中华人民共和国献血法》《中华人民共和国执业医师法》《中华人民共和国职业病防治法》《中华人民共和国人口与计划生育法》《中华人民共和国精神卫生法》《中华人民共和国中医药法》等卫生法律。此外,在《中华人民共和国民法》《中华人民共和国婚姻法》《中华人民共和国劳动法》《中华人民共和国环境保护法》《中华人民共和国刑法》等其他法律中,有关卫生的法律条文也属于卫生法律。

3. 卫生行政法规

卫生行政法规是指由国务院制定发布的有关卫生方面的行政法规,其法律效力低于卫生法律,如《护士条例》等。

4. 地方性卫生法规、卫生自治条例和单行条例

地方性卫生法规是指由省级人民代表大会及其常务委员会,省、自治区的人民政府所在地的市、经济特区所在地的市、设区的市(自治州)或经国务院批准的较大的市的人民代表大会及其常务委员会依法制定和批准的,可在本行政区域内发生法律效力的有关卫生方面的规范性文件,如《黑龙江省发展中医条例》等。

卫生自治条例和单行条例是指民族自治地方的人民代表大会依法在其职权范围内,根据当地民族的政治、经济、文化的特点,制定发布的有关本地区卫生行政管理方面的法律文件。

5. 卫生行政规章

卫生行政规章是国务院卫生行政部门在其权限内发布的有关卫生方面的部门规章,效力低于宪法、卫生法律和卫生行政法规。

6. 地方性卫生规章

地方性卫生规章是指省、自治区、直辖市、经济特区所在地的市、设区的市(自治州)以及省会所在地的市或经国务院批准的较大的市的人民政府,依法在其职权范围内制定、发布的有关本地区卫生管理方面的卫生法律文件。地方性卫生规章仅在本地方有效,其法律效力低于宪法、卫生法律、卫生行政法规和地方性卫生法规,且不得同国家卫生行政规章相抵触。

7. 卫生标准、卫生技术规范和操作规程

卫生法律具有技术控制和法律控制的双重性质。因此,卫生标准、卫生技术规范和操作规程成为卫生法律渊源的一个重要组成部分。

8. 卫生国际条约

卫生国际条约是指我国与外国缔结的或者我国加入并生效的有关卫生方面的国际法规范性文件。按照我国宪法和有关法律的规定,除我国声明保留的条款外,这些条约均对我国产生法律约束力,如《国际卫生条例》等。

▶ 云视频 1-1 《基本医疗卫生与健康促进法》宣传片

第二节　卫生法律关系

一、卫生法律关系的概念

卫生法律关系是指卫生法律所调整的、在卫生管理和医药卫生预防保健服务过程中国家机关、企事业单位、社会团体或者公民之间的权利与义务关系。

二、卫生法律关系的特征

卫生法律关系除了具备一般法律关系的共同特征外，还具有其自身的特征，包括：

（1）卫生法律关系是基于保障和维护人体健康而形成的法律关系。

（2）卫生法律关系是由卫生法律法规调整和确认的法律关系。

（3）卫生法律关系是一种行政、民事、刑事纵横交错的法律关系。

（4）卫生法律关系的主体必定有一方当事人是卫生机构或医药服务人员。

三、卫生法律关系的构成要素

卫生法律关系同其他法律关系一样，都是由主体、客体和内容三个方面的要素构成。

1. 卫生法律关系的主体

卫生法律关系的主体是指参加卫生法律关系，并在其中享有卫生权利、承担卫生义务的人，一般称为当事人。在我国，卫生法律关系的主体包括卫生行政机关、医疗卫生机构、企事业单位、社会团体和公民。

2. 卫生法律关系的内容

卫生法律关系的内容是指卫生法律关系的主体依法享有的权利和应承担的义务。其中，卫生权利是指由卫生法律规定的，卫生法律关系主体根据自己的意愿实现某种利益的可能性。卫生义务指依照卫生法律的规定，卫生法律关系中的义务主体为了满足权利主体的某种利益而为一定行为或者不为一定行为的必要性。

3. 卫生法律关系的客体

卫生法律关系的客体是指卫生法律关系主体的卫生权利和卫生义务所共同指向的对象，主要包括：①公民的生命健康权；②行为，如卫生审批、申请许可等；③物，如食品、药品、化妆品、保健品、医疗器械等；④人身，如角膜、血液、骨髓、脏器等；⑤智力成果，如医学著作或论文、新药的发明等。

四、卫生法律关系的产生、变更和消灭

卫生法律关系只有在一定条件下才能产生、变更和消灭，这种条件就是法律事实的

实现。法律事实是指法律规定的能够引起法律关系产生、变更和消灭的事件和行为,包括法律行为和法律事件。

1. 法律行为

法律关系当事人以其主观意愿表现出来的法律事实,称为法律行为。法律行为分为合法行为和违法行为,是卫生法律关系产生、变更或消灭的最普遍的法律事实。合法行为是指卫生法律关系主体实施的符合卫生法律规范、能够产生行为人预期后果的行为,受到法律的确认和保护。违法行为是指卫生法律关系主体实施的为卫生法律所禁止的、侵犯他人合法权益从而引起某种卫生法律关系的产生、变更和消灭的行为,该行为被法律所禁止,必须承担相应的法律责任。

2. 法律事件

不以法律关系当事人的主观意志为转移的法律事实,称为法律事件。法律事件分为两类:一类是自然事件,如患者因非医疗因素死亡而终止医患法律关系;另一类是社会事件,如卫生法律法规的重大修改等。

📖 在线案例 1-1　留在腹腔中的纱布

第三节　卫生法律责任

一、卫生法律责任的概念

卫生法律责任是指卫生法律关系主体由于违反卫生法律规范规定的义务或约定义务,所应承担的带有强制性的法律后果。

二、卫生法律责任的种类

根据行为人违反卫生法律规范的性质和社会危害程度的不同,卫生法律责任可以分为行政责任、民事责任和刑事责任三种。

1. 卫生行政责任

卫生行政责任是指卫生行政法律关系主体实施了违反卫生法律的行为,但尚未构成犯罪所应承担的法律后果,主要包括卫生行政处罚和卫生行政处分两种。卫生行政处罚是指卫生行政机关或者法律法规授权的组织,在职权范围内对违反卫生法律法规而尚未构成犯罪的行政相对人(公民、法人或其他组织)所实施的卫生行政制裁。卫生行政处分是指有管辖权的国家卫生机关或企事业单位的行政领导依据行政隶属关系,对违法失职人员给予的一种行政制裁。

2. 卫生民事责任

卫生民事责任是指医疗机构和卫生工作人员,或从事与卫生事业有关的机构违反法律规定侵害公民的健康权利时,应向受害人承担损害赔偿的责任。

承担民事责任的方式:停止损害,排除妨碍,消除危险,返还财产,恢复原状,修理、重作、更换,赔偿损失,支付违约金,消除影响恢复名誉,赔礼道歉 10 种。卫生法所涉及的民事责任以赔偿损失为主要形式。

3. 卫生刑事责任

卫生刑事责任是指卫生行政机关的工作人员、医疗卫生工作人员,以及与健康相关产品的生产、经营者违反卫生法律法规,实施了刑法所禁止的犯罪行为而应承担的法律后果。

实现刑事责任的方式是刑罚,包括主刑和附加刑。主刑有管制、拘役、有期徒刑、无期徒刑、死刑,它们只能单独适用;附加刑有罚金、剥夺政治权利、没收财产,它们可以附加适用,也可以独立适用。

(朱晓卓)

▣ PPT 课件　　▣ 复习与自测　　▭ 更多内容……

第二章　卫生法律法规的制定和实施

章前引言

　　卫生是个人和集体生活卫生和生产卫生的总称,法律是社会规则的一种,卫生与法律法规的有机结合就是卫生法律法规。卫生法律法规是保障人民生命健康安全、促进卫生事业发展、维护社会和谐稳定的重要保证。作为护理学的学员,只有掌握基础的卫生法律法规,才能依法开展医疗护理工作。

• 学习目标 •

　　(1) 能阐述卫生法律法规立法的概念、依据、程序及基本原则。

　　(2) 能理解卫生法律法规实施的含义及形式。

　　(3) 能说出卫生法律责任的概念与特点。

思维导图

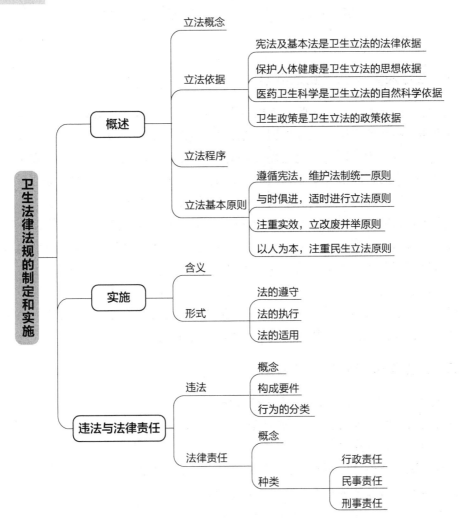

案例导入

　　某日,患者小任自带青霉素到当地医务室找自己的护士朋友小张帮忙注射。小张不同意,要求小任做皮试。小任百般要求小张不要给他做皮试注射,并谎称:"我前两天刚用过青霉素,不必做皮试,出了问题我自己负责。"小张信以为真,帮小任注射了青霉素,结果发生了过敏反应。患者在转院途中死亡。

　　问题:

　　案例中小张的行为是否构成医疗事故?请说明原因。

第一节 卫生法律法规的制定

一、卫生法律法规的立法概念

立法是指特定国家机关依照法定的权限和程序,制定、认可、修改、废止规范性法律文件的活动。狭义的卫生立法专指国家最高权力机关,即全国人民代表大会及其常务委员会制定卫生法律这种特定规范性文件的活动,如《中华人民共和国食品安全法》《中华人民共和国药品管理法》《中华人民共和国执业医师法》《中华人民共和国国境卫生检疫法》《中华人民共和国职业病防治法》和《中华人民共和国传染病防治法》等。广义的卫生立法还包括国务院制定卫生行政法规的活动,如《国家突发公共事件总体应急预案》和《艾滋病防治条例》等;国务院有关部委制定卫生行政规章的活动,如《传染性非典型肺炎防治管理办法》《人类辅助生殖技术规范》和《医疗机构管理条例实施细则》等;地方性人民代表大会及其常务委员会制定地方性卫生法规的活动;地方人民政府制定地方政府卫生规章的活动;民族自治地方的自治机关制定卫生自治条例与单行条例的活动;特别行政区的立法机关制定规范性卫生法律文件的活动。

二、卫生法律法规的立法依据

1. 宪法及基本法是卫生立法的法律依据

宪法是国家的根本大法,具有最高法律效力,是国家所有法律制度的基础和依据。宪法有关国家发展医疗卫生事业、保护人民健康的规定是卫生法律制定的来源和法律依据。基本法《中华人民共和国立法法》(简称《立法法》)第7条规定:全国人民代表大会和全国人民代表大会常务委员会行使国家立法权。

2. 保护人体健康是卫生立法的思想依据

法律赋予公民的权利是极其广泛的,其中生命健康权是公民最根本的权益,是行使其他权利的前提和基础。失去了生命和健康,一切权利都将成为空谈。以保障人体健康为中心内容的卫生法律法规,无论以什么形式表现出来,也无论调整的是哪一特定方面的社会关系,都必须坚持保护人体健康这一思想依据。

3. 医药卫生科学是卫生立法的自然科学依据

卫生立法应在遵循法律科学的基础上,遵循人与自然环境、社会环境及人自身的生理、心理环境相协调的规律,使法学和医药卫生科学紧密联系在一起,科学地立法,促进医学科学进步和卫生事业发展。只有这样,才能达到有效保护人体健康的立法目的。

4. 卫生政策是卫生立法的政策依据

在我国,有关卫生方面的方针政策是党和国家在一定历史阶段,为实现特定的任务而提出的行为准则,它在卫生法调整的社会关系中起着重要的作用。卫生立法以卫生方针政策为指导,有助于使卫生法反映客观规律和社会发展要求,充分体现人民意志,使卫生法律法规能够在现实生活中得到普遍遵循和贯彻,最终形成良好的卫生法律秩序,保障人民群众卫生权益的实现。

☐ 拓展阅读 2-1 后疫情时代,如何切实增强公共卫生法治意识

三、卫生立法的程序

卫生法律的制定程序主要包括法律案的提出、法律案的审议、法律案的表决、法律的公布四个阶段。

根据我国《中华人民共和国全国人民代表大会组织法》(简称《全国人民代表大会组织法》)第 16、17 条规定:全国人民代表大会主席团、全国人民代表大会常务委员会、全国人民代表大会各专门委员会、国务院、中央军事委员会、国家监察委员会、最高人民法院、最高人民检察院,以及一个代表团或者 30 名以上的代表联名,可以向全国人民代表大会提出属于全国人民代表大会职权范围内的议案。

全国人民代表大会常务委员会审议法律案的主要程序:一是在常委会会议举行的 7 日前将法律草案发给常委会组成人员,以便常委会组成人员进行认真研究、准备意见;二是在常委会全体会议上听取提案人做关于法律草案的说明,由提案人委托的人对制定该法律的必要性、可行性、立法的指导思想和基本原则以及法律草案的主要内容做出说明;三是常委会分组会议对法律草案进行审议,在此基础上,必要时可以召开联组会议进行审议;四是有关的专门委员会对法律草案进行审议,提出审议意见,然后由法律委员会根据各常委会组成人员、有关的专门委员会的审议意见和其他各方面的意见,对法律草案进行统一审议,向常委会提出审议意见的汇报或者审议结果的报告,并提出法律草案修改稿。

法律草案修改稿形成后,由主席团提请大会全体会议表决,由全体代表的过半数通过。经全国人民代表大会及其常务委员会通过的法律,由国家主席签署主席令予以公布。

☐ 拓展阅读 2-2 《中华人民共和国民法典》的出台历程

四、卫生立法的基本的原则

卫生立法的基本原则也即卫生行政法的基本原则和行政法制原则,是指贯穿于卫生行政法律规范和卫生行政关系当中,指导和制约卫生行政立法与实施的卫生法制的基本精神和准则。

1. 遵循宪法,维护法制统一的原则

遵循宪法,在立法项目的确定上严格遵循立法权限,对属于中央专属立法权的立法项目建议国家立法;对除中央专属立法权以外的卫生事项,国家尚未制定卫生法律或卫生行政法规的,在严格把握立法权限的前提下,可以先制定地方性法规或政府规章;对

已有上位法调整的,在不超越、不变更上位法规定的前提下做出必要的配套规定。

2. 与时俱进,适时进行立法的原则

在考虑卫生立法规划时必须与时俱进,顺应客观变化的形势,对社会卫生关系适时进行调整,为卫生改革和发展创造良好的法律环境。

3. 注重实效,立改废并举的原则

卫生立法活动不仅包括制定新的卫生法律文件的活动,还包括认可、修改、补充或废止等一系列卫生立法活动。在把握国家立法动态的前提下,既要考虑制定新的适应形势发展需要的地方性法规、规章,也要重视对原有地方性法规、规章的重新审视,修改、废止那些不合时宜的条款和立法文件,实行立、改、废并举,提高现行法律规范的实际可操作性和有效性。

4. 以人为本,注重民生立法的原则

生命健康权是国际社会公认的一项基本人权,保护人的健康权是卫生法的根本宗旨,也是卫生立法的一项重要原则。卫生法作为调整卫生权利、义务关系的法律规范,必须以保障民生、不断提高公民的健康水平及个体生命健康权益的有效维护作为根本出发点和落脚点。

第二节　卫生法律法规的实施

在线案例2-1　患者死亡如何正确处理

一、卫生法律法规实施的含义

卫生法律法规实施是指卫生法在社会生活中被人们实际施行,包括法的执行、法的适用、法的遵守和法律监督。

二、卫生法律法规实施的形式

以实施法律的主体和法的内容为标准,法的实施方式可以分为三种:法的遵守、法的执行和法的适用。

(1)法的遵守:是指公民、社会组织和国家机关以法律为自己的行为准则,依照法律行使权利、履行义务的活动。

(2)法的执行:是指国家行政机关及其公职人员依法行使管理职权、履行职责、实施法律的活动。

(3)法的适用:通常是指国家司法机关根据法定职权和法定程序,具体应用法律处理案件的专门活动。由于这种活动是以国家名义来行使,因此也称为"司法",法的适用是实施法律的一种方式。

第三节　卫生违法与法律责任

在线案例 2-2　医师、护士联合骗保案

一、卫生违法

1. 卫生违法的概念

卫生违法是指卫生法律主体由于主观上的过错所实施或导致的、具有一定社会危害性、依法应当追究责任的行为。违法行为表现为超越法律允许限度的权利滥用、做出法律禁止的行为以及不履行法定的积极义务等。

2. 卫生违法的构成要件

卫生违法的构成要件是指产生违反卫生法律效果发生的前提条件。

违法必须同时具备四个条件：一是有违背法律规定的行为；二是必须是一种危害社会的行为；三是必须是有过错的行为；四是必须是有行为能力的自然人，或依法成立的法人。

3. 卫生违法行为分类

卫生违法行为是指卫生法律主体实施的违背法律规定的行为。卫生违法行为按其性质不同，可分为五种：一是卫生违宪行为，简称"违宪"，是指卫生国家机关制定的法律、法规和规章，以及卫生国家机关、政党、社会组织或具有特定地位的卫生公职人员的行为，与宪法规定相违背或者相冲突，应当承担宪法责任的行为。二是卫生民事违法，是指违反民事法律规范，应当追究民事法律责任的行为。三是行政违法，是指违反行政法律规范，应当承担行政责任的行为。四是经济违法，是指违反经济法律规范，应当承担经济法律责任的行为。五是刑事违法，是指触犯刑法，应当受刑罚处罚的行为。

二、卫生法律责任

1. 卫生法律责任的概念

卫生法律责任是指卫生法律主体基于违法行为、违约行为或者法律规定而应承担的某种不利后果。卫生法律责任具有以下特点：

（1）系违反卫生法律规范应承担的法律后果。

（2）承担法律责任必须由卫生法律、法规和规章做明确、具体的规定。

（3）具有国家强制性，即卫生法律责任的履行由国家强制力保证，违法者拒绝承担由其违法而必须承担的法律责任时，将强制其承担相应的法律责任。

（4）必须由国家授权的专门机关在法定职责范围内依法予以追究。

2. 卫生法律责任的种类

（1）卫生行政责任：是指卫生行政法律关系主体违反卫生行政法律规范，尚未构成犯罪所应承担的法律后果。行政责任主要有行政处罚和行政处分两种方式。

（2）卫生民事责任：是指卫生民事主体对于自己因违反合同、不履行其他民事义务，或者侵害国家的、集体的财产，侵害他人的人身财产、人身权利所造成的法律后果，依法应当承担的损害赔偿责任。

（3）卫生刑事责任：是指违反卫生法的行为侵害了刑法所保护的社会关系，构成犯罪所应承担的法律后果。根据《中华人民共和国刑法》（简称《刑法》）规定，有 10 余个与违反卫生法有关的罪名，包括生产、销售假药、劣药罪，生产、销售不符合卫生标准的食品罪，生产、销售不符合卫生标准的医疗器械、医用卫生材料罪，非法行医罪，违反《传染病防治法》的规定引起甲类传染病传播或者有传播严重危险罪，非法采集、供应血液罪或者制作、供应血液制品罪，违反国境卫生检疫罪，违反规定造成病菌种、毒种扩散罪、医疗事故罪，等等。

拓展阅读2-3　阻击疫情，依法及时追究"逾矩者"法律之责

（商汝冰）

PPT课件　　复习与自测　　更多内容……

第三章　卫生法律救济

章前引言

　　在实施卫生监督管理的过程中，难免会就卫生执法主体所作出的具体卫生行政行为的合法性、适当性及赔偿问题产生一些行政争议。为解决这些争议，国家设定了救济制度，即卫生行政复议、卫生行政诉讼和卫生行政赔偿。卫生救济制度既是对卫生执法主体实施群众监督、层级监督与司法监督的一种法律机制，也是保护卫生行政管理相对人合法权益的有效方式。

　　本章就卫生法律救济所包括的三种途径，即卫生行政复议、卫生行政诉讼和卫生行政赔偿进行学习。通过本章的学习，使学生掌握卫生法律救济的概念、卫生法律救济的途径、卫生法律救济的意义，形成良好的卫生法制意识，有效提高依法行政的自觉性、有效性，保护相对人的合法权益。

学习目标

（1）能理解卫生法律救济的概念、途径及意义。

（2）能阐述卫生握行政复议的概念、特征及原则。

（3）能阐述卫生行政诉讼的概念、特征及意义。

（4）能阐述卫生行政赔偿的概念、特征及构成要件。

（5）能列举卫生行政复议与行政诉讼的区别。

思维导图

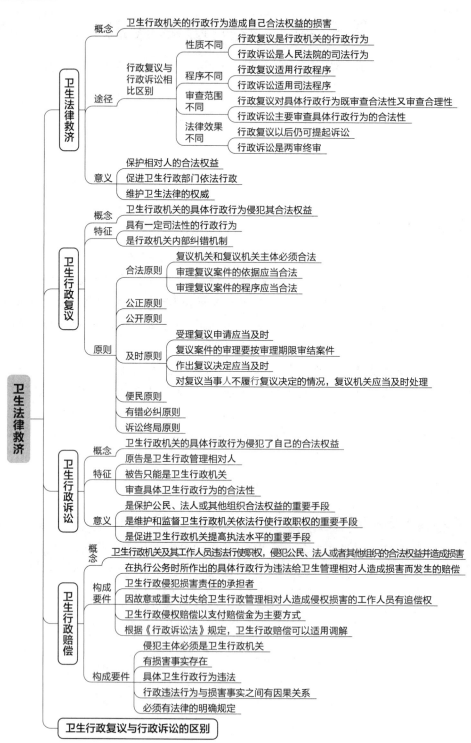

卫生法律救济

卫生法律救济
- 概念：卫生行政机关的行政行为造成自己合法权益的损害
- 途径
  - 行政复议与行政诉讼相比区别
    - 性质不同
      - 行政复议是行政机关的行政行为
      - 行政诉讼是人民法院的司法行为
    - 程序不同
      - 行政复议适用行政程序
      - 行政诉讼适用司法程序
    - 审查范围不同
      - 行政复议对具体行政行为既审查合法性又审查合理性
      - 行政诉讼主要审查具体行政行为的合法性
    - 法律效果不同
      - 行政复议以后仍可提起诉讼
      - 行政诉讼是两审终审
- 意义
  - 保护相对人的合法权益
  - 促进卫生行政部门依法行政
  - 维护卫生法律的权威

卫生行政复议
- 概念：卫生行政机关的具体行政行为侵犯其合法权益
- 特征
  - 具有一定司法性的行政行为
  - 是行政机关内部纠错机制
- 原则
  - 合法原则
    - 复议机关和复议机关主体必须合法
    - 审理复议案件的依据应当合法
    - 审理复议案件的程序应当合法
  - 公正原则
  - 公开原则
  - 及时原则
    - 受理复议申请应当及时
    - 复议案件的审理要按审理期限审结案件
    - 作出复议决定应当及时
    - 对复议当事人不履行复议决定的情况，复议机关应当及时处理
  - 便民原则
  - 有错必纠原则
  - 诉讼终局原则

卫生行政诉讼
- 概念：卫生行政机关的具体行政行为侵犯了自己的合法权益
- 特征
  - 原告是卫生行政管理相对人
  - 被告只能是卫生行政机关
  - 审查具体卫生行政行为的合法性
- 意义
  - 是保护公民、法人或其他组织合法权益的重要手段
  - 是维护和监督卫生行政机关依法行使行政职权的重要手段
  - 是促进卫生行政机关提高执法水平的重要手段

卫生行政赔偿
- 概念：卫生行政机关及其工作人员违法行使职权，侵犯公民、法人或者其他组织的合法权益并造成损害
- 构成要件
  - 在执行公务时所作出的具体行政行为违法给卫生管理相对人造成损害而发生的赔偿
  - 卫生行政侵犯损害责任的承担者
  - 因故意或重大过失给卫生行政管理相对人造成侵权损害的工作人员有追偿权
  - 卫生行政侵权赔偿以支付赔偿金为主要方式
  - 根据《行政诉讼法》规定，卫生行政赔偿可以适用调解
- 构成要件
  - 侵犯主体必须是卫生行政机关
  - 有损害事实存在
  - 具体卫生行政行为违法
  - 行政违法行为与损害事实之间有因果关系
  - 必须有法律的明确规定

卫生行政复议与行政诉讼的区别

　　行政复议申请人王某,男,45岁,系A省A市A区居民。被申请人:A市卫生局。申请人王某于2003年4月30日在A市市立医院做骨科手术失败,实施手术者为张某。张某,2001年大学毕业后到A市市立医院骨科工作;2002年9月参加了全国医师资格考试,成绩合格;2002年12月1日获得执业医师资格;2003年12月领到执业医师资格证书,但未进行注册。王某多次要求A市市立医院及张某进行人身损害赔偿,未果。2004年6月7日,王某向被申请人A市卫生局请求认定张某诊疗行为为非法行医。A市卫生局于2004年7月15日给予书面答复,认为张某直到2003年12月才拿到执业医师资格证书是因为证件制作、上报验印有个过程,因此不能认定张某诊疗行为为非法行医。王某不服,于2004年7月20日向A省卫生厅提出行政复议,以张某没有医师执业证书,不能单独实施医疗手术为由(病例中明确记载手术者为张某,并无上级医师的签名记录),请求撤销A市卫生局做出的不能认定张某的诊疗行为为非法行医的答复。

　　问题:

　　(1)此案是否属于行政复议的范围?

　　(2)如何进行事实认定?

　　(3)不可抗力能否成为适用理由?

　　(4)本案的法律依据是什么?

第一节　卫生法律救济

一、卫生法律救济的概念

　　卫生法律救济是指公民、法人或者其他组织认为卫生行政机关的行政行为造成自己合法权益的损害,请求有关国家机关给予补救的法律制度的总称,包括对违法或不当的行政行为加以纠正,以及对于因行政行为而遭受的财产损失给予弥补等多项内容。

　　卫生法律救济的主要特征:①是对权利进行的救济;②是对行政实施的救济;③一般应在法律上形成某种制度;④一般是事后救济。

二、卫生法律救济的途径

　　卫生法律救济的途径是指通过何种途径实现救济的问题,即相对人在受到卫生行政机关行政行为侵害时,通过何种程序、何种路径实现救济的问题。我国现有的卫生法律救济途径主要是卫生行政复议、卫生行政诉讼和卫生行政赔偿。

从我国的法律规定来看,行政复议与行政诉讼相比,有以下区别。

1. 性质不同

行政复议是行政机关的行政行为,属于行政机关系统内部所设置的对于行政管理相对人实施救济的制度;行政诉讼是人民法院的司法行为,属于在行政机关外部设置的对行政管理相对人实施救济的制度。

2. 程序不同

行政复议适用行政程序,而行政诉讼适用司法程序。

3. 审查范围不同

行政复议对具体行政行为既审查合法性又审查合理性,而行政诉讼主要审查具体行政行为的合法性。

4. 法律效果不同

行政复议后仍可提起诉讼,而行政诉讼是两审终审。因此,一般情况下,发生行政争议后,行政复议是最为直接有效的解决途径,而行政诉讼是最为客观公正的解决途径。卫生法律救济是为矫正卫生行政机关的侵害行为和相对人受到侵害的情况而建立的解决纠纷、补救相对人受损权益的制度,有利于保护卫生法律关系主体的合法权益、维护卫生法律的权威、促进卫生行政部门依法行政和推进卫生法制建设。

三、卫生法律救济的意义

卫生执法机构和执法人员以国家的名义从事执法活动,具有国家强制力,是典型的公权力。正确的执法行为能够维护国家对卫生事业的管理秩序,保护公民的健康权益。但是,如果滥用或错误使用执法公权力,则会侵犯相对人的权利。因此,对卫生执法行为必须有监督机制,对相对人的权利必须建立法律救济途径。

概括起来,卫生法律救济具有以下意义。

(1)保护相对人的合法权益。在卫生行政管理活动中,当卫生法律关系的主体,即作为相对人的公民、法人或其他组织的法定权益受到损害时,可以通过法定的方式和途径,请求有权机关以强制性的救济方式来帮助受损害者恢复并实现自己的权利。

(2)促进卫生行政部门依法行政。卫生法律救济在卫生行政管理活动中具有预防和控制卫生行政机关侵权行为的功能,能够促进卫生行政机关加强内部管理,增强卫生行政机关工作人员的法制意识,确保执法活动的法制性、公正性和合理性。

(3)维护卫生法律的权威。卫生法律的权威性是卫生法制化的必然要求;卫生行政机关在卫生行政管理活动中的公正性是维护卫生法律权威的重要内容。通过法律救济对卫生行政机关违法行政的矫正、对受侵害相对人进行法律上的补救,可以使相对人和公众认同行政执法的公正性,从而维护卫生法律的权威。

第二节　卫生行政复议

一、卫生行政复议的概念

卫生行政复议是指公民、法人或者其他组织认为卫生行政机关的具体行政行为侵犯其合法权益，按照法定的程序和条件向作出该具体行政行为的上一级卫生行政机关提出申请，受理申请的行政机关对该具体行政行为进行复查，并作出复议决定的活动。

卫生行政复议包括以下几层含义：①卫生行政复议只能由作为行政相对人的公民、法人或者其他组织提起，除此以外，任何其他主体不得提起行政复议。②卫生行政复议权只能由作出具体行政行为的行政机关的上一级行政机关或者法律授权的组织行使。③卫生行政复议对于公民、法人和其他组织是维护其合法权益的一种程序性权利，不得被非法剥夺，但公民、法人或者其他组织可以自主处分自己的程序性权利，既可以提起行政复议，也可以放弃行政复议的权利。卫生行政复议的对象原则上只能是卫生行政机关作出的具体行政行为。

为了防止和纠正违法的或者不当的具体行政行为，保护公民、法人和其他组织的合法权益，保障和监督行政机关依法行使职权，1999年4月29日，第九届全国人民代表大会常务委员会第九次会议通过《中华人民共和国行政复议法》（以下简称《行政复议法》）。为进一步发挥行政复议制度在解决行政争议、建设法治政府、构建社会主义和谐社会中的作用，2007年5月23日国务院颁布了《中华人民共和国行政复议法实施条例》。

拓展阅读3-1　卫生行政复议受案范围
拓展阅读3-2　卫生行政复议管辖
拓展阅读3-3　卫生行政复议程序

二、卫生行政复议的特征

卫生行政复议是一种具有行政与司法双重的活动，即行政复议以准司法的方式来审理特定的行政争议。行政复议既不完全等同于行政行为，又不完全等同于司法活动。这主要表现在以下两个方面：

1. 行政复议是具有一定司法性的行政行为

这是指有行政复议权的行政机关借用法院审理案件的某些方式来审查行政争议，即行政复议机关作为第三人对行政机关和行政相对人之间的行政争议进行审查并作出裁决。

2. 卫生行政复议是行政机关内部的一种纠错机制

卫生行政复议是行政系统内部的行政机关对下级或所属的行政机关作出的违法或不当的具体行政行为实施的一种纠错行为,不同于法院通过行政诉讼审查行政机关具体行政行为合法性的司法审查制度。

三、卫生行政复议的原则

卫生行政复议的原则是指由宪法和法律规定的,反映行政复议的基本特点,贯穿《行政复议法》及行政复议活动并对其具有普遍指导意义的原则。行政复议的基本原则主要有:

1. 合法原则

合法原则是指复议机关在行使复议权时必须合法。具体要求包括:①复议机关和复议机关主体必须合法;②审理复议案件的依据应当合法;③审理复议案件的程序应当合法。

2. 公正原则

公正原则是指复议机关在行使复议权时应当公正地对待复议双方的当事人,不能有所偏袒。

3. 公开原则

公开原则是指行政复议活动应当公开进行,复议案件的受理、调查、审理、决定等一切活动,都应该尽可能地向当事人、公众及社会舆论公开,使社会各界了解行政复议活动的基本情况。

4. 及时原则

及时原则在行政复议中的地位尤其重要。在保证公正、效率的前提下,应当在尽可能短的时间内给相对人一个答复,以减少当事人在行政诉讼之前的负担。具体要求包括:①受理复议申请应当及时;②复议案件的审理要按审理期限审结案件;③作出复议决定应当及时;④对复议当事人不履行复议决定的情况,复议机关应当及时处理。

5. 便民原则

便民原则是指复议机关在复议的一切环节和步骤上,尽最大可能使行政复议制度真正成为人们日常生活中保护自己合法权益的经济、实用、卓有成效的救济手段。

6. 有错必纠原则

有错必纠原则是指行政复议机关对被申请复议的行政行为进行全面的审查,不论是违法还是不当,也不论申请人有否请求,只要有错,必予以纠正。

7. 诉讼终局原则

诉讼终局原则是指行政复议机关的复议决定不是最终发生法律效力的决定,复议当事人对该决定不服的,可以在法定期限内向人民法院提起行政诉讼,人民法院经审理后作出的终审裁判才是发生法律效力的终局决定。

📖 在线案例 3-1　卫生行政复议

第三节 卫生行政诉讼

一、卫生行政诉讼的概念

卫生行政诉讼是指公民、法人和其他组织认为卫生行政机关的具体行政行为侵犯了自己的合法权益，依法向人民法院起诉，人民法院在双方当事人和其他诉讼参与人的参加下，审理和解决行政案件的活动。

为了保证人民法院正确、及时地审理行政案件，保护公民、法人和其他组织的合法权益，维护和监督行政机关依法行使行政职权，1989年4月4日，第七届全国人民代表大会第二次会议通过了《中华人民共和国行政诉讼法》（以下简称《行政诉讼法》）。

　拓展阅读3-4　卫生行政诉讼构成要件
　拓展阅读3-5　卫生行政诉讼基本制度

二、卫生行政诉讼的特征

卫生行政诉讼是通过审判方式进行的一种司法活动，以解决卫生行政机关与公民、法人或其他组织之间因卫生行政管理而产生纠纷的一项重要法律制度。它具有以下特征：

1. 原告是卫生行政管理相对人

卫生行政诉讼是卫生行政管理相对人不服卫生行政执法机关管理处罚，向人民法院提起的诉讼。所谓卫生行政管理相对人，是指在具体的行政管理过程中，处于被卫生行政执法机关管理的一方当事人。当事人可以是公民，也可以是法人或其他组织。

2. 被告只能是卫生行政机关

这是区别于民事诉讼和刑事诉讼的一个重要特征。卫生行政机关作为被告，是因为卫生执法机关一般都有实施卫生行政管理的权利，包括申请强制执行的权利，所以它无须为实施权利而当原告。作为被告的卫生行政执法机关，可分为卫生行政管理机关和授权执法组织，受委托的组织作出的具体行政行为由委托单位承担责任，以委托单位为被告。

3. 审查具体卫生行政行为的合法性

具体行政行为是指国家卫生行政机关在实施卫生管理活动中，针对特定的人或事所采取的卫生行政处理决定和具体的执法行为。

　拓展阅读3-6　卫生行政诉讼管辖
　拓展阅读3-7　卫生行政诉讼受案范围
　拓展阅读3-8　卫生行政诉讼程序

三、卫生行政诉讼的意义

1. 是保护公民、法人或其他组织合法权益的重要手段

卫生行政机关代表国家行使卫生监督执法权,与相对人之间是管理被管理的关系。卫生行政机关及其工作人员的违法行政行为很有可能侵犯相对人的合法权益,这就需要建立一种在其合法权益遭受侵犯时能得到救济的法律制度,卫生行政诉讼正是这样一种司法救济制度。

2. 是维护和监督卫生行政机关依法行使行政职权的重要手段

人民法院通过审理卫生行政诉讼案件,从国家司法机关的角度对卫生行政机关作出的具体行政行为的合法性进行审查,制止、纠正卫生行政机关的违法行为,从而达到维护和监督卫生行政机关依法行使职权的目的。

3. 是促进卫生行政机关提高执法水平的重要手段

按照《行政诉讼法》规定,卫生行政机关面临着随时出庭应诉的可能,并要承担可能败诉的风险。这就要求卫生行政机关在作出每一具体行政行为时,都要坚持依法行政,以事实为根据,以法律为准绳,准确适用法律,执行法定程序,并且深入调查研究,及时收集证据,从而提高卫生行政执法水平。

　📖 在线案例3-2　卫生行政诉讼

第四节　卫生行政赔偿

一、卫生行政赔偿的概念

卫生行政赔偿是指卫生行政机关及其工作人员违法行使职权,侵犯公民、法人或者其他组织的合法权益并造成损害,由行政主体给予赔偿的法律制度。行政赔偿实质是国家赔偿的一部分。

为保障公民、法人和其他组织享有依法取得国家赔偿的权利,促进国家机关依法行使职权,1904年5月12日,第八届全国人民代表大会常务委员会第七次会议通过了《中华人民共和国国家赔偿法》(以下简称《国家赔偿法》)。2010年4月29日,第十一届全国人民代表大会常务委员会第十四次会议对《国家赔偿法》进行了修改,进一步完善了国家赔偿制度。

　📖 拓展阅读3-9　卫生行政赔偿范围
　　拓展阅读3-10　卫生行政赔偿请求人和赔偿机关

二、卫生行政赔偿的特征

(1) 卫生行政赔偿是由于卫生行政机关及其工作人员在执行公务时所作出的具体

行政行为违法给卫生管理相对人造成损害而发生的赔偿。

（2）卫生行政机关是卫生行政侵权损害责任的承担者。

（3）卫生行政机关对于因故意或重大过失给卫生行政管理相对人造成侵权损害的工作人员有追偿权。

（4）卫生行政侵权赔偿以支付赔偿金为主要方式，但管理相对人也可以同时或单独请求作出处理决定的卫生行政机关承认错误、赔礼道歉、恢复名誉、消除影响、返还权益及其他赔偿形式承担责任。

（5）根据《行政诉讼法》规定，卫生行政赔偿可以适用调解。

三、卫生行政赔偿的构成要件

1. 侵权主体必须是卫生行政机关

侵害权利的主体必须是行使国家卫生管理职权的卫生行政机关，法律、法规授权组织以及受委托行使行政职权的组织及其工作人员。

2. 有损害事实存在

国家承担行政赔偿责任以有损害事实的存在为前提，无损害就无所谓赔偿。

3. 具体卫生行政行为违法

这里的违法既包括程序上的违法，也包括实体上的违法；既包括形式上的违法，也包括内容上的违法；既包括作为的违法，也包括不作为的违法。

4. 行政违法行为与损害事实之间有因果关系

损害结果必须是卫生行政机关及卫生监督人员违法行使职权的行为所造成的，两者有因果关系。如没有因果关系，卫生行政机关不承担赔偿责任。

5. 必须有法律的明确规定

致害行为必须是法律明确规定应当承担侵权赔偿责任的行为，如果致害行为是法律规定可以免责的行为，则受害人不能请求赔偿，如国防、外交等国家行为，制定规章等抽象行政行为。

> 拓展阅读 3 - 11　卫生行政赔偿程序
> 拓展阅读 3 - 12　卫生行政赔偿方式和标准
> 拓展阅读 3 - 13　卫生行政赔偿经费来源

（王艳梅　张敏洁）

PPT 课件　　复习与自测　　更多内容……

第四章 护理立法

章前引言

　　立法是我国社会主义法制建设的重要内容,制定完备的卫生法律法规是卫生法制建设的基础,护理立法是卫生立法的重要组成部分。护理法由国家制定或认可,并以国家强制力保障实施,旨在维护公民的健康。护理法是涉及护理执业活动、护理人员管理的法律法规的总和。护理人员必须学法、守法和用法。

学习目标

（1）能理解护理与法的关系。

（2）能阐述护理立法的原则与程序。

（3）能简要介绍国际护理立法概况与我国护理立法现状。

（4）能应用护理立法知识指引今后护理法律法规的学习。

思维导图

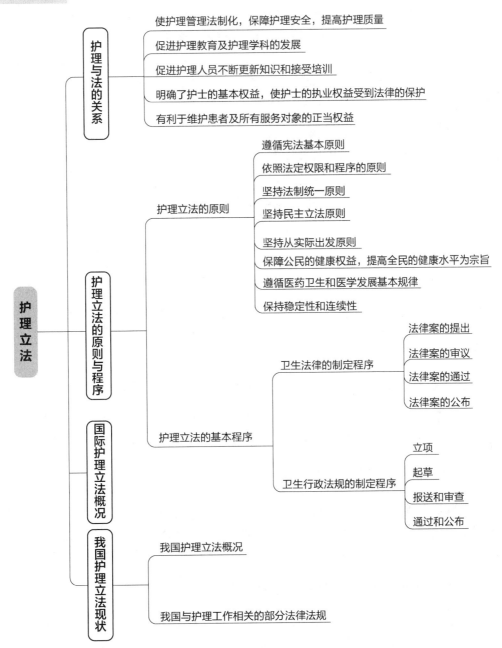

2017年3月16日晚,某市86岁的丁老太太因"呼之不应半小时"被送往医院急诊治疗,当晚症状加重。医生安排护士给患者静脉注射盐酸胺碘酮注射

液,并嘱咐护士推注速度要慢,至少要 10 分钟。

2017 年 3 月 17 日凌晨两点零五分,一名护士开始给丁老太太推注盐酸胺碘酮注射液,此时有其他患者呼叫护士,于是该护士放下注射器离去。随后,另外一名实习护士拿起注射器继续注射,两名护士注射完液体的时间共计 3 分钟。注射完毕后,丁老太太经抢救无效死亡。丁老太太的家属认为医院存在过错,遂请求法院判决医院赔偿各类损失共计 25 万元。

问题:

本案例中护士是否触及法律问题?

第一节　护理与法的关系

护理工作是维护和促进人类健康的医疗活动,从患者入院到出院或者死亡的全过程中,护理工作的每一环节均有可能涉及各种法律问题。护士在日常工作中,承担着救死扶伤、保护生命、防病治病、减轻痛苦的职责,规范的护士行为是保障患者权利的前提。因此,护理人员要学法、懂法、守法,并将法律法规的相关知识融入实际工作中,进一步推动护理事业健康发展。

一、使护理管理法制化,保障护理安全,提高护理质量

护理法的实施使护理法制化,从而保证了护理工作的稳定性及连续性,防止护理差错事故的发生,保证了护理安全及护理质量的提高。

二、促进护理教育及护理学科的发展

护理法集中最先进的法律思想及护理观念,为护理专业人才的培养和护理活动的开展制定了法制化的规范及标准,促进了护理专业向现代化、专业化、科学化、标准化的方向发展。

三、促进护理人员不断更新知识和接受培训

护理法规定的护士资格、注册、执业范围等,以法律的手段促进护理人员不断学习和更新知识,从而促进护理专业的整体发展。

四、明确了护士的基本权益,使护士的执业权益受到法律的保护

通过护理立法,护理人员的地位、职责范围等有了明确的法律依据,使护理人员在从事护理工作、履行职责等方面最大限度地受到法律的保护,增强护理人员对专业崇高的使命感和安全感。

五、有利于维护患者及所有服务对象的正当权益

对于不合格或违反护理标准的行为,患者可根据护理法追究护理人员的法律责任,从而最大限度地保护了患者的合法权益。

拓展阅读4-1 法律体系

第二节 护理立法的原则和程序

一、护理立法的原则

2000年颁布的《立法法》规定了立法的政治原则、法治原则、民主原则和方法原则,从而为整个立法指明了基本方向。护理立法要遵循《立法法》规定的原则和要求,同时也要遵循卫生工作、医学和护理专业的科学规律和特点。具体包括以下内容:

1. 遵循宪法基本原则的原则

《立法法》第3条规定:立法应当遵循宪法的基本原则,以经济建设为中心,坚持社会主义道路、坚持人民民主专政、坚持中国共产党的领导、坚持马克思列宁主义毛泽东思想邓小平理论,坚持改革开放。遵循宪法的基本原则和规定,是立法必须始终遵循的重要原则和规定,是护理立法工作坚持的政治方向,维护人民卫生权益的根本保证。

2. 依照法定权限和程序的原则

依法治国的一个重要方面就是依法治权,卫生立法活动也应当在法定的范围内进行。依法进行护理立法活动,主要包括两个方面:一是护理立法应当遵循法定的权限;二是护理立法应当遵循法定的程序。

3. 坚持法制统一原则

我国《宪法》第5条明确规定:国家维护社会主义法制的统一和尊严。维护法制统一,首先要从立法做起。一切立法活动,都必须从国家整体利益出发,以最广大人民群众的根本利益为依归,不得同宪法相抵触。

4. 坚持民主立法原则

我国《宪法》第2条规定:中华人民共和国的一切权力属于人民。人民群众参与立法活动主要表现在两个方面:一是人民群众通过民主选举各级人民代表大会代表,由人民代表大会代表参与立法工作,反映人民的意见和要求;二是国家机关在护理立法活动中采取各种有效措施,如将草案向社会公布,公开征求群众意见和召开座谈会、听证会等,广泛听取人民群众的意见。

5. 坚持从实际出发原则

在护理立法中,必须正确认识我国的基本国情,充分考虑我国的社会经济基础、生

产力水平、各地的卫生条件等；落实科学发展观，认真总结自己的经验，将经过实践证明行之有效的成功做法和经验上升为法律。坚持从实际出发，适当参考外国卫生立法的有益经验，与国际接轨，但不能照搬照抄。

6. 以保障公民的健康权益，提高全民的健康水平为宗旨

健康权是公民的基本权益，保障和促进公民的健康是医疗卫生领域立法的宗旨和必须首先坚持的基本原则。护理是医疗卫生工作的重要组成部分，与人的健康密切相关。因此，维护公民的健康权益、保障公民健康的原则应当反映在所有医疗卫生方面的法律文件中。

7. 遵循医药卫生和医学科学发展的基本规律

医疗卫生领域的立法是将法学与医学科学紧密联系在一起，体现医学科学的自然属性和社会属性。护理的基本属性是医疗活动，以其专业化知识和技术为人的健康提供服务。因此，护理领域的立法须遵循医药卫生和医学科学发展的基本规律，使其更具科学性。

8. 保持稳定性和连续性

稳定性是指不能朝令夕改，变化不定。连续性是指在新法尚未制定时，原有法不能随便废止，在制定和修改时必须保持与原有法的继承关系；应在原有法的基础上，结合新的实践经验并严格依照法定程序进行，做好法与法之间的衔接和统一。保持法的稳定性和连续性原则，能够使制定的法律取信于民，保证其权威性。

二、护理立法的基本程序

1. 卫生法律的制定程序

（1）法律案的提出：根据《立法法》的规定，全国人民代表大会教科文卫委员会和国务院可以向全国人民代表大会常务委员会提出制定卫生法律案。

（2）法律案的审议：列入全国人民代表大会常务委员会会议议程的卫生法律案，由有关的专门委员会进行审议，提出审议意见，印发全国人民代表大会常务委员会会议。卫生法律案一般应当经三次全国人民代表大会常务委员会会议审议后再交付表决。

（3）法律案的通过：卫生法律案经全国人民代表大会常务委员会分组会议审议，在听取各方面意见并对法律草案加以修改，形成卫生法律草案修改稿。经全国人民代表大会常务委员会分组会议审议后，由法律委员会根据全国人民代表大会常务委员会组成人员的意见对法律草案修改稿做进一步修改，形成法律草案表决稿，可交付表决，由全国人民代表大会常务委员会全体组成人员的过半数通过。

（4）法律案的公布：全国人民代表大会常务委员会通过的卫生法律由中华人民共和国主席签署主席令予以公布。

2. 卫生行政法规的制定程序

（1）立项：卫生行政部门根据需要和社会发展状况，提出立法项目草案，由部（局）务会议审定后上报国务院。经国务院统一部署，决定立法项目名称、等级和起草部门，

具体工作由国务院法制办组织实施。

（2）起草：卫生行政法规由国务院组织起草。具体起草工作由卫生行政部门等分别负责。起草法规内容涉及两个以上部门时，应以一个部（局）为主要起草部门，必要时成立专门的起草小组。

（3）报送和审查：起草部门将行政法规送审稿报送国务院审查时，应当一并报送行政法规送审稿的说明和有关材料。报送国务院的行政法规送审稿，由国务院法制机构负责审查。国务院法制办向国务院提出审查报告和草案修改稿，审查报告应对草案主要问题作出说明。

（4）通过和公布：卫生行政法规草案经国务院常务会议通过或总理批准后，由国务院总理签署国务院令公布，或经国务院批准由国务院主管部门发布。

此外，根据《立法法》及相关组织法的规定，制定地方性卫生法规要经过起草、提出、审议、通过和公布五个阶段；制定卫生规章要经过立项、起草、审查、决定、公布和备案六个阶段；制定地方性卫生规章要经过起草、审查、决定、公布和备案五个阶段。

📖 拓展阅读 4-2　违法的构成要件

第三节　国际护理立法概况及我国护理立法现状

一、国际护理立法概况

西方护理学科始于 1860 年弗罗伦斯·南丁格尔在英国伦敦圣多玛医院创建的第一所护士学校。南丁格尔撰写了《医院札记》《护理札记》两部著作和 100 多篇护理论文，成为近代护理学的奠基人。为了促进护理事业的发展和提高护理质量，世界各国和有关护士国际组织都在研究和探讨以法律的形式对护士的资格标准、职责范围、教育培训、实践服务等问题予以规定。护理立法源于 20 世纪初，1903 年美国北卡罗来纳、新泽西等州首先颁布了《护士执业法》，1919 年英国颁布了世界上第一部护理法——《英国护理法》。在以后的 50 年里，各国纷纷实施护理法。在有关国际组织的推动下，护理立法工作得到了快速发展。1947 年，国际护士委员会出版了一系列有关护理立法的专著。1953 年，国际护士协会制定了《护士伦理规则》，明确规定护士基本职责为"促进健康、预防疾病、恢复健康和减轻痛苦"。1968 年国际护士委员会成立了一个专家委员会，制定了护理立法史上划时代的文件——《系统制定护理法规的参考指导大纲》，为各国护理法必须涉及的内容提供了权威性的指导。目前，许多西方国家为了鼓励更多的人从事护士工作，除了增加护士的福利外，还提供免费的教育机会以及改善工作方式和工作环境，如美国的某些州制定了《护士和患者比例法》和《禁止强迫护士加班法》等，有力地促进了护理事业发展。

拓展阅读4-3　国际护士节的来历

二、我国护理立法现状

我国的护理法律法规是伴随着改革开放而不断建立并完善的,如1982年由卫生部颁布的《医院工作制度》和《医院工作人员职责》中,规定了护理工作制度和各级各类护士职责;1988年颁布了《医务人员医德规范及实施办法》,加强对医务人员执业行为的规范;1993年3月26日,卫生部颁布了《中华人民共和国护士管理办法》(1994年1月1日起实施),使我国建立起了严格的护士执业资格考试制度和执业许可制度,提高了执业护士的素质,保证了医护质量和公民的就医安全,促进了我国护理事业迅速发展。但同时,护理工作也存在一些不容忽视的问题,如:护士的合法权益缺乏法律保障;护士的素质和执业水平参差不齐;政府缺乏对护理的管理和监管;医疗机构在对护士继续教育上的投入有限等。为了解决这些问题,经过反复调研,2008年1月23日国务院通过了《护士条例》,并于5月12日正式实施。《护士条例》由国务院制定,属于行政法规,其法律效力比属于部门规章的卫生部制定的《中华人民共和国护士管理办法》要高,体现了国家对护理事业发展的高度重视。《护士条例》成为我国第一部维护护士合法权益、规范护理行为、促进护理事业健康发展的法律法规,它的颁布和施行填补了我国护理立法的空白,同时也为全国护理工作者营造了有法可依的从业环境,将我国护理工作纳入了依法管理的轨道。

拓展阅读4-4　我国与护理工作相关的部分法律法规

(王艳梅　冯　晴)

PPT课件　　复习与自测　　更多内容……

第二篇

医疗护理相关的
主要法律制度

第五章　护士执业基本法律制度

章前引言

　　《护士条例》的施行旨在维护护士的合法权益,规范护士执业行为,包括规范护士执业注册,同时强化了政府责任和医疗卫生机构的职责,鼓励护士到农村、基层医疗卫生机构工作。需要特别指出的是,随着疾病谱的变化和人口老龄化问题,对护理工作提出了新的要求,即老年人口在农村的分布比例相当大,对农村卫生人才有更高需求。另外,农村逐渐普及社区卫生服务站,护士将承担更多的基本医疗卫生保健、流行病学调研、传染病监控、卫生宣教等工作,对护士的要求也越来越高。作为护士,需要了解护士执业的基本法律、规范自己的执业行为、保护自己的合法权益,才能更好地为人民卫生健康服务。

·学习目标·

　　(1)能阐述护士执业注册中的相关规定。

　　(2)能简要介绍护士执业的立法现状。

思维导图

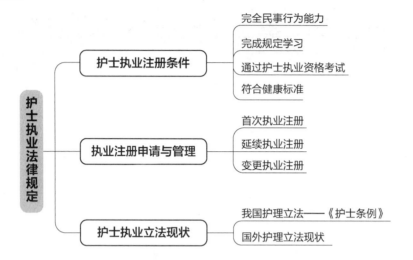

护士执业法律规定
- 护士执业注册条件
  - 完全民事行为能力
  - 完成规定学习
  - 通过护士执业资格考试
  - 符合健康标准
- 执业注册申请与管理
  - 首次执业注册
  - 延续执业注册
  - 变更执业注册
- 护士执业立法现状
  - 我国护理立法——《护士条例》
  - 国外护理立法现状

案例导入

陈凡即将成为一名护理专业大一的学生,她做事认真,富有爱心,一直有志于成为一名护士。高考结束后,她毫不犹豫地选择了护理专业。现在的她已经在做职业生涯规划了,想了解如何才能成为一名合格的护士在医院从事医疗护理工作。

问题:

(1)护士执业的资格是什么?

(2)如何才能取得护士执业资格?

第一节 护士执业注册

一、执业权利的定义

执业权利是指具有一定资格的人在执业活动中可以享受到的法律权利。执业权利的主要特征:一是权利主体必须具备一定资格;二是该权利只有在执业活动中才能享有。这就表明不具备护士资格的人,不能享受执业权利;具备资格的人,也只能在执业活动中行使这些权利,不从事职业活动时就不具备执业权利。

《护士执业证书》是从事护理活动唯一合法的凭证。护士经执业注册取得《护士执业证书》,可在注册的执业地点从事护理工作;未经执业注册取得《护士执业证书》者,不得从事诊疗技术规范规定的护理活动。

二、申请注册

（一）首次执业注册

1. 注册条件

申请护士注册应具备以下四个条件：

（1）具有完全民事行为能力人。

（2）在中等职业学校、高等学校完成国务院主管部门和国务院卫生部门规定的普通全日制 3 年以上的护理助产专业课程，并在教学、综合医院完成八个月以上护理临床实习，并取得相应学历证书。

（3）通过国务院卫生主管部门组织的护士执业资格考试。

（4）符合国务院卫生主管部门规定的健康标准。健康标准：无精神病史；无色盲、色弱、双耳听力障碍；无影响履行护理职责的疾病、残疾或者功能障碍。

2. 注册时间

护士执业注册申请，应当自通过护士执业资格考试之日起 3 年内提出；逾期提出申请的，除应当具备前款第（1）项、第（2）项和第（4）项规定条件外，还应当在符合国务院卫生主管部门规定条件的医疗卫生机构接受三个月临床护理培训并考核合格。

（二）延期执业注册

护士执业注册有效期为 5 年，有护士执业注册有效期届满需要继续执业的，应当在护士执业注册有效期届满前 30 日向执业地省、自治区、直辖市人民政府卫生主管部门申请延续注册。收到申请的卫生主管部门对具备本条例规定条件的，准予延续，延续执业注册有效期为 5 年；对不具备本条例规定条件的，不予延续，并书面说明理由。

（三）变更执业注册

护士执业注册后有下列情形之一的应当重新申请注册：

（1）注册有效期届满未延续注册的。

（2）被吊销执业证书，自吊销之日起已满 2 年的，中断护理执业活动超过 3 年的还应当提交在符合国务院主管部门规定条件的医疗卫生机构接受 3 个月临床护理培训并考核合格的证明。

> 📖 拓展阅读 5 - 1　护士变更执业地点
> 拓展阅读 5 - 2　护士执业资格注销

第二节　护理执业立法现状

目前护理立法尚无明确的概念，但护士管理法律制度的概念与护理立法密切相关。

护士管理法律制度是指由国家制定或认可，并以国家强制力保证实施，旨在维护公众健康，用以规范护理活动，包括护士注册、护士执业活动、护理服务等涉及护士管理，及调整这些活动产生的各种社会关系的法律法规总称。

为加强护士管理、提高护理质量、保障医疗和护理安全、保护护士的合法权益，1993年国家卫生部颁布中华人民共和国卫生部令（第31号），发布了《中华人民共和国护士管理办法》。目前有关护理的专项立法只有《护士条例》一部行政法规。《护士条例》于2008年1月23日国务院第206次常务会议通过，自5月12日起施行，2020年3月第一次修订，涉及执业注册、权利义务、医疗卫生机构的职责、法律责任等内容。随着我国医疗服务市场的开放及护士国际间交流范围的日益扩大，完善护理立法是非常必要和紧迫的。

拓展阅读5-3　国外护理立法现状

（董晓燕）

PPT课件　　复习与自测　　更多内容……

第六章　护理活动主要法律制度

章前引言

　　护理工作与人的生命息息相关,其主旋律就是人性关怀和照顾。在护理工作中,面临着诸多的道德难题和困惑,面对护理对象,护士的行为绝不是简单地不受思想、理论和观点支配的行为。护士必须思考自己该做什么、该怎么做、怎样做才对自己的服务对象有利,对他人和社会有利等。理解和掌握现行护理相关法律制度及伦理学的基本理念,有助于护理人员明确自己的身份,走出某些困境,为做出合理、合法的行为选择提供可靠的法律依据。

学习目标

(1) 能阐述护理活动内容及护理执业中的具体伦理原则。

(2) 能介绍护理立法现状。

(3) 学习并感悟护理活动中的法律问题。

(4) 能列举护理活动中的法律责任。

(5) 学会自我防范。

思维导图

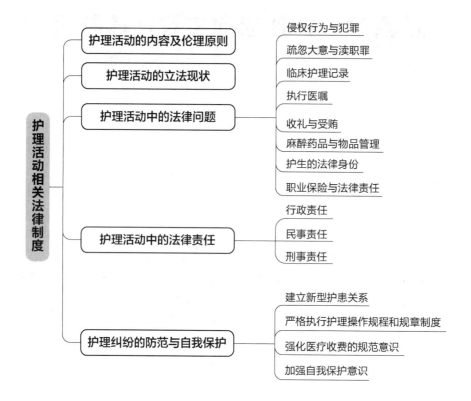

护理活动相关法律制度

- 护理活动的内容及伦理原则
- 护理活动的立法现状
- 护理活动中的法律问题
  - 侵权行为与犯罪
  - 疏忽大意与渎职罪
  - 临床护理记录
  - 执行医嘱
  - 收礼与受贿
  - 麻醉药品与物品管理
  - 护生的法律身份
  - 职业保险与法律责任
- 护理活动中的法律责任
  - 行政责任
  - 民事责任
  - 刑事责任
- 护理纠纷的防范与自我保护
  - 建立新型护患关系
  - 严格执行护理操作规程和规章制度
  - 强化医疗收费的规范意识
  - 加强自我保护意识

案例导入

　　正值新型冠状病毒肺炎疫情的高发期，为了确保救治工作持续不断，李玉琳和同事们轮流吃饭，把守好这道"关口"。她们不敢喝太多水，也不敢轻易上厕所。"我们'全副武装'，喝水也很麻烦，水喝多了容易上厕所，就要脱下防护服，防护服用胶带缠绕的地方容易撕烂，就没法穿了，会造成极大的浪费，所以我们不会轻易上厕所，"李玉琳说，"以前工作太忙的时候，没时间陪伴家人，我曾经后悔过当一名护士，但是经过这场战'疫'以及家人的支持，我深深感受到了这份职业存在的意义和价值。此时此刻，我很骄傲我是一名医务工作者，为大家的健康站好岗是我的责任。"

　　问题：

　　护士在护理工作中应尽的责任和义务是什么？

第一节 护理活动主要法律制度概述

一、护理活动的内容及伦理原则

进入现代护理学的发展阶段,护理活动的主要内容包括:护理教育、护理实践、护理管理和护理科研。

1978 年 WHO 指出:"护士作为护理的专业工作者,其唯一的任务就是帮助患者恢复健康,帮助健康人促进健康。"

随时医学科技的迅猛发展和人们权利意识的提高,在 2020 年新型冠状病毒肺炎疫情下,护士在护理活动中需要掌握更多的法律和伦理原则,能更好地回答或解决当今医疗和护理活动中大量的实际问题。在 20 世纪 80 年代初,比彻姆和查尔瑞斯在《生物医学伦理学原则》一书中提出了护理伦理学的四个基本原则,即自主原则、不伤害原则、公正原则和行善原则,这些原则已被国际广泛接受,并应用于实践中。

（1）护理活动中法律的具体应用原则:知情同意权、最优化原则、保密原则和生命价值原则。

（2）护理活动中伦理的具体应用原则如下。①自主原则:尊重患者的人格与尊严,即他们自主的知情同意或选择,而不能欺骗、强迫或利诱他们。②不伤害原则:研究治疗不应对志愿者、患者造成伤害,包括有意伤害和任何伤害的危险。③公正原则:在基本医疗照顾方面,力求做到人人享有保健,并以同样的服务态度、医疗水平对待有同样医疗需求的患者。④行善原则:生命科技要为人类造福,增进人类的健康。

二、护理活动的立法现状

护理立法始于 20 世纪初。1968 年由国际护士会制定了护理立法史上划时代的文件——《系统制定护理法规的参考性指导大纲》,为各国护理法必须涉及的内容提供了权威性的指导,并明确了立法的意义:为护士提供最大限度的保护和支持;引导护理教育和护理服务逐步规范化、专业化、现代化;促进护理人员接受继续教育,保证护理质量,发展护理专业。

目前我国现行的护理法规基本可以分成三大类:国家主管部门通过立法机构制定的法律法令;根据卫生法由政府或地方主管当局制定的法规;政府授权各专业团体自行制定的有关章程、条例,如《医疗事故处理条例》《消毒管理办法》《医疗废物管理条例》等。

《中华人民共和国民法典》(简称《民法典》)第七编第六章第 1225 条规定:医疗机构及其医务人员应当按照规定填写并妥善保管住院志、医嘱单、检验报告、手术及麻醉记录、病理资料、护理记录等病历资料。患者要求查阅、复制前款规定的病历资料的,医疗机构应当及时提供。

《卫生部关于印发〈病历书写基本规范〉的通知》第 3 条规定:病历书写应当客观、真实、准确、及时、完整、规范。

⚡ 拓展阅读 6-1　国外护理活动立法现状

第二节　护理活动中的法律问题和法律责任

一、护理活动中的法律问题

每个合格的护士不仅应该熟知国家法律条文,而且更应明白在自己实际工作中与法律有关的潜在性问题,更自觉地遵纪守法,必要时保护自己的一切合法权益,维护法律的尊严。

1. 侵权行为与犯罪

护士与患者的接触比其他医务人员更为密切,如在护理卧床的患者时,在获得其高度信任的基础上,被同意检阅其信件,但对书信往来和个人隐私护士应持慎重态度,为之保密,如随意谈论,造成扩散,则应视为侵犯了患者的隐私权。

2. 疏忽大意与渎职罪

护士因错给一位未做过皮试的患者注射了青霉素,若该患者不过敏,则该护士只是失职,构成一般护理差错;若该患者过敏,引起过敏性休克致死,则可能构成渎职罪。

3. 临床护理记录

临床护理记录是检查衡量护理质量的重要资料,也是医生观察诊疗效果、调整治疗方案的重要依据。不认真记录,可能导致误诊、误治,引起医疗纠纷。若与患者发生了医疗纠纷或与某刑事犯罪有关,此时护理记录则成为判断医疗纠纷性质的重要依据,成为侦破某刑事案件的重要线索。因此,在诉讼之前对原始记录进行添删或随意篡改,都是非法的。

4. 执行医嘱

医嘱通常是护士对患者施行诊断和治疗措施的依据。一般情况下,护士应一丝不苟地执行医嘱,随意篡改或无故不执行医嘱都属于违规行为。但如发现医嘱有明显的错误,护士有权拒绝执行,并向医生提出质疑和申辩;反之,若明知该医嘱可能给患者造成损害,酿成严重后果,仍照旧执行,护士将与医生共同承担所引起的法律责任。

5. 收礼与受贿

患者康复后,出于感激的心理自愿向护士馈赠少量纪念性礼品,原则上不属于贿赂范畴;但若护士主动向患者索要巨额红包、物品,则将构成索贿罪。

6. 麻醉药品与物品管理

麻醉药品主要指的是哌替啶(杜冷丁)、吗啡类药物,临床上只用于晚期癌症患者或患者术后镇痛等。护士若利用自己的权力将这些药品提供给一些不法分子倒卖或吸毒者自用,则事实上已构成了参与贩毒、吸毒罪。另外,护士还负责保管、使用各种贵重药品、医疗用品、办公用品等,绝不允许占为己有;情节严重者,可构成盗窃公共财产罪。

7. 护生的法律身份

如果在执业护士的指导下,护生因操作不当给患者造成损害,那么护生可以不负法律责任。但如果未经带教护士批准,护生擅自独立操作造成了患者的损害,那么她同样也要承担法律责任,患者有权利要她作出经济赔偿。

8. 职业保险与法律责任

在职护士均参与职业责任保险,保险公司可在政策范围内为其提供法定代理人;保险公司可在败诉后为其支付巨额赔偿金;因受损害者能得到及时合适的经济补偿,而减轻自己在道义上的负罪感,较快达到心理平衡。因此,参加保险被认为是对护士自身利益的一种保护,它虽然并不摆脱护士在护理纠纷或事故中的法律责任,但实际上却可在一定程度上抵消其为该责任所要付出的代价。同时,在职业范围内,护士对他的患者负有道义上的责任,决不能因护理的错误而造成患者的经济损失,参加保险也可为患者提供这样一种保护。

二、护理活动中的法律责任

📖 在线案例 6-1　小赵的行为构成医疗事故还是故意杀人

护士在护理活动中,违反法律法规或诊疗护理常规操作规程给患者造成损害的应当依法承担相应的法律责任。

1. 行政责任

根据《护士条例》第31条规定:护士在执业活动中违反护士义务,由县级以上地方人民政府卫生主管部门依据职责分工责令改正给予警告;情节严重的暂停其六个月以上一年以下执业活动,直至由原发证部门吊销其护士执业证书。第32条规定:护士被吊销执业证书的,自执业证书被吊销之日起两年内不得申请执业注册。同时,所受到的行政处罚、处分的情况将被记入护士执业不良记录。

2. 民事责任

《民法典》第1218条规定:【医疗损害责任归责原则和责任承担主体】患者在诊疗活动中受到损害,医疗机构或者其医务人员有过错的,由医疗机构承担赔偿责任。护士也是医疗事故的主体之一,护士在执业活动中造成医疗事故的依照医疗事故处理的有关规定承担法律责任。

3. 刑事责任

《刑法》第335条规定:【医疗事故罪】医务人员由于严重不负责任,造成就诊人死亡或者严重损害就诊人身体健康的,处 3 年以下有期徒刑或者拘役。护士在执业活动中严重不负责任造成就诊人死亡或者严重损害就诊人身体健康的,依照刑法关于医疗事故罪的规定依法追究刑事责任。

第三节　护理纠纷的防范与自我保护

在线案例 6-2　陈护士可以私自在家给婶婶挂水吗

一、建立新型护患关系

明确服务对象,体会工作责任,每一位护士都必须明确护理工作的对象是只有一次生命的人。珍视生命、尊重患者的生存权是每位护士的职责。为适应新形势下患者对护理服务质量的要求,护理人员要改变观念,牢固树立"以人为本,以患者为中心"的服务理念,不断强化优质服务意识,尊重患者的合法权益。要有爱心、同情心和责任心,视患者如亲人、朋友,多与患者进行沟通交流,以取得患者的理解与合作,建立良好的新型护患关系,共同促进患者早日康复。

二、严格执行护理操作规程和规章制度

护理记录是法律文书。护理文书的书写必须遵照科学性、真实性、及时性、完整性的原则,不得隐匿、伪造或销毁护理文书及有关资料,不得涂改,不得重复、漏记,并尽可能与医师记录相吻合。写好护理记录,保证护理文书的质量,是杜绝因记录存在缺陷而引发护理纠纷的关键。护理操作规程既是预防差错事故的要素,也是解决护患纠纷的准则。护理人员应避免按照主观想象行事而违反科学规律,也不能存在侥幸心理而不执行各项规章制度和技术操作常规,不可随意简化操作程序,不可忽视操作中的病情观察。要熟练掌握各种相关的诊疗护理常规和规范,并严格遵守,保证治疗、护理准确无误。

三、强化医疗收费的规范意识

提高医疗收费透明度,严格执行收费标准,严把医嘱录入、核对关,按规定收费,禁止巧立项目,以免增加患者负担。做到服务项目公开,收费价格公开,让患者明明白白消费,及时解答患者及家属有关费用的疑虑,以减少护理纠纷。

四、加强自我保护意识

2002 年 4 月 4 日,国务院颁布了《医疗事故处理条例》。该条例加大了医疗机构及其医务人员的责任,扩大了患者的权利,患者的法律意识和自我保护意识也大大增强。

同时,一并出台的最高人民法院《关于民事诉讼证据的若干规定》,明确规定在医疗侵权诉讼中实行举证责任倒置。2018 年 10 月 1 日施行的《医疗纠纷预防和处理条例》更强调了医护工作者的责任及患者的权利,新规则的实施更加要求护士加强安全意识,更好地进行自我保护。

（董晓燕）

PPT 课件　　复习与自测　　更多内容……

第七章 医疗纠纷处理法律制度

章前引言

深度掌握医务人员和患者之间的权利与义务内容,知晓医疗损害、医疗事故的构成及法律责任划分依据等,是每一位护士应该知晓的基本内容。本章详细介绍了医患双方的权利与义务、医疗损害及医疗事故的概念,并从防范医疗纠纷的角度出发,以典型案例作为导引,以期学员对医疗纠纷的正确处理方式有所掌握。

学习目标

(1)能列举护士与患者的权利与义务。
(2)知道医疗事故责任的构成要件。
(3)能介绍医疗事故的处理程序。
(4)能阐述避免医疗纠纷的正确做法。
(5)能列举发生医疗事故后的法律责任种类划分。

思维导图

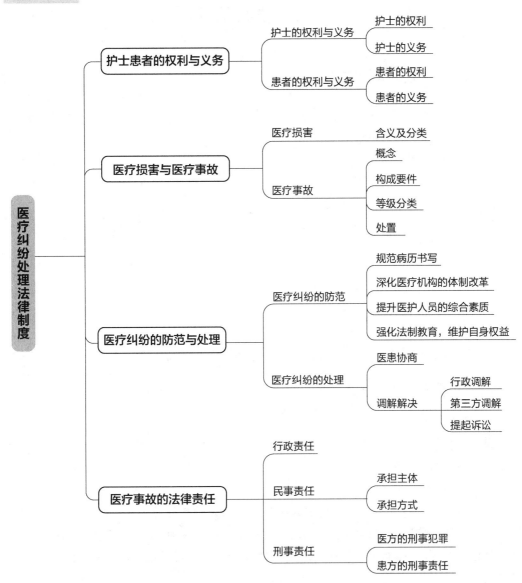

第一节 护士和患者的权利与义务

一、护士的权利与义务

1. 护士在医疗实践过程中依法享有的权利

(1) 获得物质报酬的权利。

(2) 安全执业的权利。

(3) 学习、培训的权利。

(4) 获得履行职责相关的权利。

(5) 获得表彰、奖励的权利。

(6) 人格尊严和人身安全不受侵犯的权利。

2. 护士的义务

(1) 依法进行临床护理的义务。

(2) 紧急救治患者的义务。

(3) 保护患者隐私的义务。

(4) 积极参加公共卫生应急事件救护的义务。

二、患者的权利与义务

1. 患者的权利

患者的权利包括平等的医疗权、疾病的认知权、自主权、知情同意权、隐私权、免除一定社会责任权、人格权等。

2. 患者的义务

(1) 如实陈述病情、遵守医嘱、配合医务人员进行检查治疗。

(2) 积极接受病情、配合医生诊治,个人的健康不是单纯的个人私事,而是与他人、社会有密切关系,如传染病、性病、遗传性疾病等,如不积极接受、配合诊治将会给社会带来负面影响。

(3) 遵守医院的各种规章制度,包括遵守探视制度、卫生制度、陪护制度、按时交纳医药费用的规定等。

(4) 支持医学科学的发展。为了提高医学科学水平,医务人员需要对一些疑难病、罕见病进行专题研究,以探索诊治的有效办法,需要患者的协作配合。

(5) 尊重医务人员的人格与劳动。

📖 拓展阅读7-1 《中华人民共和国护士条例》

第二节 医疗损害与医疗事故

一、医疗损害

1. 医疗损害的含义及分类

医疗损害是指医疗机构及其医务人员在医疗活动中,违反法律、行政法规、规章以及其他有关诊疗规范的规定,在诊疗活动中未尽到与当时的医疗水平适应的诊疗义务,使患者在诊疗活动中受到的损害。具体而言,医疗损害可分为以下三类:

(1)医疗技术损害:是指医疗机构及医务人员从事病情的检验、诊断、治疗方法的选择,治疗措施的执行,病情发展过程的追踪以及术后照护等医疗行为,不符合当时既存的医疗专业知识或技术水准的过失行为。

(2)医疗伦理损害:是指医疗机构及医务人员从事各种医疗行为时,未对病患充分告知或者说明其病情,未对病患提供及时有用的医疗建议,未保守与病情有关的各种秘密,或未取得病患同意即采取某种医疗措施或停止继续治疗等,而违反医疗职业良知或职业伦理上应遵守的规则的过失行为。

(3)医疗产品损害:是指医疗机构在医疗过程中使用有缺陷的药品、消毒药剂、医疗器械以及血液及制品等医疗产品,因此造成患者人身损害的医疗行为。

二、医疗事故

1. 医疗事故的概念

根据《医疗事故处理条例》第 2 条规定:医疗事故是指医疗机构及其医务人员在医疗活动中,违反医疗卫生管理法律、行政法规、部门规章和诊疗护理规范、常规,过失造成患者人身损害的事故。

 拓展阅读 7-2 患者在诊疗过程中死亡如何处理

2. 医疗事故责任的构成要件
(1)主体必须是医疗机构及其医务人员。
(2)诊疗行为须发生在合法医疗活动中。
(3)有违法诊疗行为。
(4)有损害后果。
(5)诊疗行为与损害后果之间存在因果关系。

 拓展阅读 7-3 不属于医疗事故的情形

3. 医疗事故的等级分类
根据对患者人身造成的损害程度,医疗事故分为四级:

（1）一级医疗事故：造成患者死亡、重度残疾或植物生存的。

（2）二级医疗事故：造成患者中度残疾、器官组织损伤导致严重功能障碍的。

（3）三级医疗事故：造成患者轻度残疾、器官组织损伤导致一般功能障碍的。

（4）四级医疗事故：造成患者明显人身损害的其他后果的。

4. 医疗事故（医疗损害）的处置

（1）医务人员在医疗活动中发生或者发现医疗事故、可能引起医疗事故的医疗过失行为或者发生医疗事故争议的，应当立即向所在科室负责人报告，科室负责人应当及时向本医疗机构负责医疗服务质量监控的部门或者专（兼）职人员报告；负责医疗服务质量监控的部门或者专（兼）职人员接到报告后，应当立即进行调查、核实，将有关情况如实向本医疗机构的负责人报告，并向患者通报、解释。

（2）发生医疗事故的，医疗机构应当按照规定向所在地卫生行政部门报告。发生下列重大医疗过失行为的，医疗机构应当在 12 小时内向所在地卫生行政部门报告：①导致患者死亡或者可能为二级以上的医疗事故；②导致 3 人以上人身损害后果；③国务院卫生行政部门和省、自治区、直辖市人民政府卫生行政部门规定的其他情形。

（3）发生或者发现医疗过失行为，医疗机构及其医务人员应当立即采取有效措施，避免或者减轻对患者身体健康的损害，防止损害扩大。

📖 在线案例 7-1　患者在医院不慎摔伤，医院是否存在过错

第三节　医疗纠纷的防范与处理

一、医疗纠纷的防范

1. 规范病历书写

病历是医务工作者在诊疗过程中形成的所有文字、符号、图表、影像、切片等医疗资料的总和。

关于患者病情的处理，医师具有一定的自主权，能够按照病情做出医学决定，只要这种决定有利于患者、与医疗常规相符合，就无须征得患者同意。但是，需要认真记录如何证明医师决定的恰当性、及时性以及如何处置才是最有利于病情好转的。全部记录的文字资料可以作为鉴定医疗事故、法医医疗问题鉴定和法庭调解取证的重要依据。

2. 深化医疗机构的体制改革

进一步加强医疗领域体制改革，拓宽对非公立医疗机构的补偿渠道，加大对社会各类医疗相关单位的扶持力度，提升社会地位。此外，要进一步深化医疗保险改革，扩大医疗保险的救助范围，增加医疗保险的报销比例和报销范围，降低患者的就医负担，保证医疗保障资金的合理利用，从源头防止医患纠纷的发生。

3. 提升医护人员的综合素质

在日常管理当中,加强对医护人员的培训力度,保证医护人员能够掌握必要的基础医疗理论知识和基本的从业技能。严格落实考核评价机制,定期对医护人员进行业务水平考核,并将考核结果与其奖金、福利挂钩,督促其自觉地进行相关知识的学习运用,提高业务水准。

4. 强化法制教育,维护自身权益

组织医疗工作者学习相关法律法规,如《医疗事故处理办法》《中华人民共和国执行医师法》等,强化医务人员的自律行为。严格按照各项规章制度与操作规程做好自身工作,认真规范书写病历资料,强化自身法律素质,严把医疗质量关,真正做到防患于未然。

二、医疗纠纷的处理

1. 医患协商

医患协商是指医患双方在平等、自愿的基础上进行的解决双方争议的一种途径。

2. 调解解决

(1)行政调解:是指由卫生行政部门主持,通过说服教育的方式,使医疗纠纷案件双方当事人自愿达成协议,解决纠纷的一种调解制度。行政调解同样要尊重双方当事人的意愿,在平等自愿的基础上进行。调解结束后,医患双方通常会就调解达成的事项制作调解书,由双方当事人签字或盖章。调解不成或签署调解协议后一方当事人反悔的,卫生行政部门不再组织调解,当事人可以在规定的期限内向人民法院提起诉讼。

(2)第三方调解:很多患者出于对卫生行政部门的不信任,往往选择中立的第三方主体代替卫生行政部门在双方当事人之间斡旋,因为中立的第三方主体与医患之间均无利害关系。第三方主体作为医患双方的缓冲带,在双方之间的调解中发挥积极的作用。

(3)提起诉讼:诉讼是指国家审判机关即人民法院依照法律规定,在当事人和其他诉讼参与人的参加下,依法解决诉讼争议的活动。医疗纠纷诉讼的提起不以医疗损害的鉴定结论是否得出为前提,只要在规定的诉讼时效内提起即可。根据我国《民法典》规定,因医疗损害争议引发诉讼的,诉讼时效的规定期限为3年。

📖 在线案例7-2 医院与患者私下签订的医疗纠纷处理协议书是否有效?

第四节 医疗事故的法律责任

一、行政责任

行政责任是指个人或单位违反行政管理方面的规定所应承担的法律责任。医疗事故行政责任的主体是指行为的实施者及责任的承担者。

根据《医疗事故处理条例》中第55条的规定：医疗机构发生医疗事故的，由卫生行政部门根据医疗事故等级和情节，给予警告；情节严重的，责令限期停业整顿直至由原发证部门吊销执业许可证，对发生医疗事故的有关医务人员，除依照前款处罚外，卫生行政部门并可以责令暂停6个月以上1年以下执业活动；情节严重的，吊销其执业证书。

二、民事责任

1. 民事责任承担主体

民事责任是指民事主体违法民事法律规范所应当承担的法律责任。

医疗事故民事责任的主体通常是医疗机构。由于医务人员的行为属于职务行为，医疗机构应为下属医疗行为承担民事责任。

2. 民事责任承担方式

承担民事责任的方式主要有：①停止侵害；②排除妨碍；③消除危险；④返还财产；⑤恢复原状；⑥修理、重作、更换；⑦赔偿损失；⑧支付违约金；⑨消除影响、恢复名誉；⑩赔礼道歉。以上承担民事责任的方式，可以单独适用，也可以合并适用。

> 拓展阅读7-4　医务人员的职务行为

三、刑事责任

刑事责任是指违反刑事法律规定的个人所应承担的法律责任。

1. 医方的刑事犯罪

医疗事故刑事责任的主体主要是医务人员，主要表现为医疗事故罪。

2. 患方的刑事责任

虽然患方属于医疗事故的受害者，但并不能以此忽视患方的刑事责任问题。事实上，患方的过激行为也可能构成犯罪。例如，以医疗事故为由，寻衅滋事、抢夺病历资料、扰乱医疗机构正常医疗秩序和医疗事故技术鉴定工作，应当依照《刑法》关于扰乱社会秩序罪的规定依法追究刑事责任，尚不够刑事处罚的，依法给予治安处罚。

> 拓展阅读7-5　医疗事故罪的法律规定

> 在线案例7-3　学生顶替护士上夜班，发生医疗事故由谁承担法律责任

（商汝冰）

PPT课件　　复习与自测　　更多内容……

第八章　母婴保健法律制度

章前引言

《中华人民共和国母婴保健法》(简称《母婴保健法》)是为了保障母亲和婴儿健康,提高出生人口素质,根据宪法制定的。根据《母婴保健法》的规定,国家发展母婴保健事业,提供必要的条件和物质帮助,使母亲和婴儿获得医疗保健服务。各级人民政府领导母婴保健工作。母婴保健事业应当纳入国民经济和社会发展计划。国务院卫生行政部门主管全国母婴保健工作,根据不同地区的情况提出分级分类指导原则,并对全国母婴保健工作实施监督。母婴保健的主要内容包括婚前保健和孕产期保健。开展母婴保健医疗服务的机构须取得县级以上地方人民政府卫生行政部门的许可。

学习目标

(1) 理解优生优育、母婴保健、婚前医学检查、非法进行节育手术罪、计划生育等概念。

(2) 知道母婴保健的内容和生育的权利和义务。

(3) 能简单介绍母婴保健的立法情况、计划生育技术服务、流动人口计划生育工作管理和法律责任。

(4) 能进行母婴保健的指导和宣教工作。

(5) 能进行计划生育技术服务。

(6) 具有依法开展母婴保健活动、计划生育服务的法律意识,能在母婴保健活动中关爱孕产妇、新生儿和婴儿。

思维导图

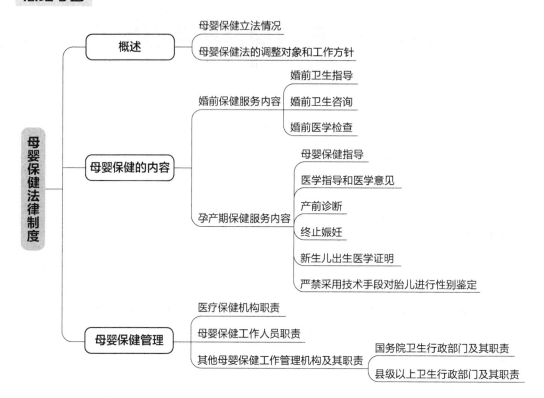

案例导入

一对年轻人到某区妇幼保健所做婚检,医师希望他们等婚检结果出来后再领结婚证,但他们婚检后马上就领了证。

几天后婚检结果出来,女方梅毒阳性。工作人员告诉她要先治疗,暂不能怀孕生孩子,同时,夫妻生活中应避免感染男方。

婚检人员用商量的口吻问她:"这样的结果,应该让男方知晓,是我们来告诉他,还是你自己告诉他?"女方一听,马上警告婚检人员,她很看重这段婚姻,不许他们告知男方;否则,如果男方因此与她闹离婚,她活不成,婚检人员也别想活。

问题:

(1) 你听说过婚前医学检查吗?婚检的目的是什么?

(2) 婚前医学检查是法律强制每个人都要进行的吗?

(3) 要生一个健康的宝宝(即优生优育),与此有关的法律规范有哪些?

第一节 母婴保健法律制度概述

一、母婴保健立法情况

母婴保健法是调整保障母亲和婴儿健康、提高出生人口素质活动中产生的各种社会关系的法律规范的总和。控制人口数量、提高人口素质是我国的一项基本国策。人口素质直接关系到民族的盛衰和国家的兴亡。1994 年 10 月 27 日,第八届全国人民代表大会常务委员会第 10 次会议通过了《母婴保健法》,自 1995 年 6 月 1 日起施行。这是我国第一部保护妇女和儿童健康,提高出生人口素质的法律。2001 年 6 月 20 日国务院发布了《母婴保健法实施办法》。《母婴保健法》及有关法规、规章的颁布实施,对于提高人口素质,改善农村和边远贫困地区妇女儿童的健康状况,实现我国政府对国际社会的承诺,发展我国妇幼卫生事业,保障妇女儿童健康,促进家庭幸福、民族兴亡和社会进步发挥了积极作用。

二、母婴保健法的调整对象和工作方针

1. 母婴保健法的调整对象

母婴保健法的调整对象既包括从事母婴保健服务活动的机构及其人员,也包括母婴保健服务的对象和当事人。从事计划生育技术服务的机构开展计划生育技术服务活动,依照《计划生育技术服务管理条例》的规定执行。

2. 母婴保健法的工作方针

母婴保健工作以保障为中心,以保障生殖健康为目的,实行保健和临床相结合,面向群体、面向基层和预防为主的工作方针。

第二节 母婴保健的内容

一、婚前保健服务内容

婚前保健服务是指对准备结婚的男女双方,在结婚登记前所进行的婚前医学检查、婚前卫生指导和婚前卫生咨询服务。根据规定,医疗保健机构应当为公民提供婚前保健服务;对准备结婚的男女双方提供与结婚和生育有关的生殖健康知识,并根据需要提出医学指导意见。

1. 婚前卫生指导

婚前指导是指对准备结婚的男女双方进行的以生殖健康为核心,与结婚和生育有

关的保健知识的宣传教育。婚前卫生指导主要包括：①有关性卫生的保健和教育；②新婚避孕知识及计划生育指导；③受孕前的准备、环境和疾病对后代影响等孕前保健知识；④遗传病的基本知识；⑤影响婚育的有关疾病的基本知识；⑥其他生殖健康知识。

2. 婚前卫生咨询

婚前卫生咨询包括婚配、生育保健等问题的咨询。医师应当为服务对象提供科学的信息，对可能产生的后果进行指导，并提出适当的建议。

3. 婚前医学检查

医疗保健机构对准备结婚的男女双方可能患影响结婚和生育的疾病进行医学检查。婚前医学检查项目包括询问病史、体格检查、常规辅助检查及其他特殊检查。经婚前医学检查，医疗保健机构应当向接受婚前检查的当事人出具婚前医学检查证明，并应列明是否发现下列疾病：①在传染期内的指定传染病；②在发病期内的有关精神病；③不宜生育的严重遗传性疾病；④医学上认为不宜结婚的其他疾病。

经婚前医学检查，发现患有指定传染病在传染期内或者有关精神病在发病期内的，医师应当提出医学意见；准备结婚的男女双方应当暂缓结婚，医疗保健机构应当为其治疗提供医疗服务。对诊断患医学上认为不宜生育的严重遗传疾病的，医师应当向男女双方说明情况，提出医学意见；经男女双方同意，采取长效避孕措施或者施行结扎手术后不生育的可以结婚，但《婚姻法》规定禁止结婚的除外。

婚前医学检查由县级以上妇幼保健院或经设区的市级以上卫生行政部门指定的医疗机构承担，不宜生育的严重遗传性疾病的诊断由省级卫生行政部门指定的医疗保健机构负责。医疗保健机构对婚前医学检查不能确诊的，应当转诊；当事人也可以到卫生行政部门许可的医疗医疗保健机构进行确诊。接受婚前医学检查人员对检查结果持有异议的，可以申请医学技术鉴定，取得医学鉴定证明。

2003 年国务院颁布的《婚姻登记条例》对婚前检查未作规定，结婚登记时不再要求婚前医学检查证明，婚检与否只是个人的自由选择，这是充分尊重个人隐私权的表现。所以，《婚姻登记条例》取消的只是"强制"而不是"婚检"本身。

📖 在线案例 8-1　婚姻登记处应为艾滋病患者办理结婚登记手续吗

二、孕产期保健服务内容

医疗保健机构应当开展母婴保健指导、孕产妇保健、胎儿保健和新生儿保健、为孕龄妇女和孕产妇提供有关避孕、节孕、生育、不育和生殖健康的咨询和医疗保健服务。通过系列保健服务，为产妇提供科学育儿、合理营养和母乳喂养的指导，同时提供对婴儿进行体格检查和预防接种，逐步开展新生儿疾病筛查、婴儿多发病和常见病等医疗保健服务。

1. 母婴保健指导

母婴保健指导是指对孕育健康后代以及严重遗传性疾病和碘缺乏病的发病原因、

治疗和预防方法提供医学意见。

（1）孕产妇保健主要内容：①为孕产妇建立保健手册（卡），定期进行产前检查；②为孕产妇提供卫生、营养、心理等方面的医学指导和咨询；③对高危孕妇进行重点监护、随访和医疗保健服务；④为孕产妇提供安全分娩技术服务；⑤定期进行产后访视，直到产妇科学喂养婴儿；⑥提供避孕咨询指导和技术服务；⑦对产妇及其家属进行生殖健康教育和科学育儿知识教育；⑧其他孕产期保健服务。

（2）胎儿保健是指为胎儿生长发育提供监护，提供咨询和医学指导。

（3）新生儿保健主要内容：①按照国家有关规定开展新生儿先天性、遗传性代谢病筛查、诊断和检测；②对新生儿进行访视，建立儿童保健手册（卡），定期对其进行健康检查，提供有关预防疾病、合理用膳、促进智力发育等科学知识，做好婴儿多发病、常见病防治等医疗保健服务；③按照规定的程序和项目对婴儿进行预防接种；④推行母乳喂养。

2. 医学指导和医学意见

医疗保健机构发现孕产妇有下列严重疾病或者接触物理、化学、生物等有毒、有害因素，可能危及孕妇生命安全或者可能严重影响孕妇健康和胎儿正常发育的，应当对孕妇进行医学指导：①严重的妊娠合并症或并发症；②严重精神性疾病；③国务院卫生行政部门规定的严重影响生育的其他疾病。医生发现或者怀疑患严重遗传性疾病的育龄夫妻，应当提出医学意见；对限于医疗技术条件难以确诊的，应当向当事人说明情况并向上级转诊。育龄夫妇根据医师的医学意见可以自愿采取避孕、节育、不孕等相应的医学措施。

3. 产前诊断

产前诊断是指对胎儿进行先天性缺陷和遗传性疾病的诊断。医疗机构发现孕妇有下列情形之一的，应当对其进行产前诊断：①羊水过多或过少；②胎儿发育异常或胎儿有可疑畸形；③孕早期接触过多可能导致胎儿先天缺陷的物质；④有遗传病家族史或曾经分娩过先天性严重缺陷的婴儿；⑤初产妇年龄超过35周岁的。

育过严重遗传性疾病或严重缺陷患儿的，再次妊娠前，夫妇双方应当按照国家有关规定到医疗保健机构进行医学检查。医疗保健机构应当向当事人介绍有关遗传性疾病的知识，给予咨询指导。对确诊患有医学上认为不宜生育的严重遗传性疾病的，医师应当向当事人说明情况，并提出医学意见。

4. 终止妊娠

经产前检查和产前诊断，医师发现胎儿有下列严重缺陷或者孕妇患有严重疾病和严重遗传性疾病的，应当向夫妻双方说明情况，并提出采取终止妊娠措施的医学意见：①无脑畸形、脑积水、脊柱裂、脑脊膜膨出等；②内脏膨出或内脏外翻；③四肢短小畸形；④其他严重的胎儿畸形。需施行终止妊娠的，应当经本人同意，并签署意见；本人无行为能力的，应当经其他监护人同意，并签署意见。

5. 新生儿出生医学证明

医疗保健机构和从事家庭接生的人员应当按照国务院卫生行政部门的规定，出具统一制发的新生儿出生医学证明。有产妇和婴儿死亡及新生儿出生缺陷的,应当向卫生行政部门报告。《出生医学证明》是新生儿申报户口的证明。

6. 严禁采用技术手段对胎儿进行性别鉴定

严禁采用技术手段对胎儿进行性别鉴定。对怀疑胎儿可能为伴性遗传病,需要进行性别鉴定的,由省级卫生行政部门制定的医疗保健机构按照卫生部的规定进行鉴定。

第三节　母婴保健管理

一、母婴保健医疗机构职责

母婴保健医疗机构,是指依据《母婴保健法》开展母婴保健业务的各级妇幼保健机构以及其他开展母婴保健技术服务的机构。

《母婴保健法》规定,医疗保健机构依法开展婚前医学检查、遗传病诊断、产前诊断以及施行结扎手术和终止妊娠手术的,必须符合国务院卫生行政部门规定的条件和技术标准,并经县级以上地方人民政府卫生行政部门许可:①医疗保健机构开展婚前医学检查,应当具备以下条件:分别设置专用的男、女婚前医学检查室,配备常规检查和专科检查设备;设置婚前生殖健康宣传教育室;具有符合条件的进行男、女婚前医学检查的医师,并经设区的市级以上卫生行政部门许可,取得《母婴保健技术服务执业许可证》。②医疗保健机构和其他开展母婴保健技术服务的机构开展助产技术服务、结扎手术和终止妊娠手术,须经县级卫生行政部门许可,并取得相应的合格证书。③医疗保健机构开展遗传病诊断和产前诊断,须经省级卫生行政部门许可,取得相应的合格证书。《母婴保健技术服务执业许可证》的有效期为 3 年,期满后继续开展母婴保健技术服务的,由原发证机关重新审核认可。

拓展阅读8-1 《浙江省母婴保健专项技术服务管理办法》实施

二、母婴保健工作人员职责

从事母婴保健工作的执业医师应当依照《母婴保健法》的规定取得相应的资格。在医疗保健机构从事母婴保健技术服务的人员以及从事家庭接生的人员,应当参加卫生行政部门组织的《母婴保健法》知识培训和业务培训,凡符合卫生行政部门规定的技术人员标准,经考核并取得卫生行政部门颁发的《母婴保健技术考核合格证》和《家庭接生技术合格证书》后方可从事母婴保健技术工作:①从事遗传病诊断和产前诊断的人员,须经省级人民政府卫生行政部门许可;②从事婚前医学检查的人员,须经设区的市级人民政府卫生行政部门许可;③从事助产技术服务、结扎手术和终止妊娠手术的人员以及从事家庭接生的人员,须经县级人民政府卫生行政部门许可。以上各许可证的有效期为 3 年,期满后继续开展母婴保健技术服务的,由原发证机关重新审核认可。

三、其他母婴保健工作管理机构及其职责

1. 国务院卫生行政部门及其职责

中华人民共和国卫生部主管全国母婴保健工作,并对母婴保健工作实施监督管理。其主要职责是:执行《母婴保健法》及其实施办法;制定《母婴保健法》配套规章及技术规范,并负责解释;按照分级、分类指导原则制定全国母婴保健工作发展规划和实施步骤;组织推广母婴保健适宜技术并进行评价;对母婴保健工作进行监督管理。

2. 县级以上卫生行政部门及其职责

县级以上人民政府卫生行政部门管理本行政区域内的母婴保健工作,并实施监督。其主要职责是:按照国务院卫生行政部门规定的条件和技术标准,对婚前医学检查、遗传病诊断、产前结扎手术和终止妊娠手术单位进行审批和注册;对从事婚前医学检查、遗传病诊断、产前诊断、结扎手术和终止妊娠手术的人员以及从事家庭接生的人员进行考核,并颁发相应的证书;对《母婴保健法》及其实施办法的执行情况进行监督检查;依照《母婴保健法》及其实施办法进行行政处罚。

（米　岚）

PPT 课件　　复习与自测　　更多内容……

第九章　药品管理法律制度

章前引言

　　药品管理应当以人民健康为中心,坚持风险管理、全程管控、社会共治的原则,建立科学、严格的监督管理制度,全面提升药品质量,保障药品的安全、有效、可及。2019 年修订的《中华人民共和国药品管理法》把药品管理和人民健康紧密地结合起来,鲜明地提出药品管理应当以人民健康为中心。在整个药品管理全过程的制度设计中都坚持体现这个理念。坚持风险管理,将风险管理理念贯穿于药品研制、生产、经营、使用、上市后管理等各个环节,坚持社会共治。

　　药品管理法律法规是国家对药品进行管理的依据。建立和健全药品管理法律法规,是国家实现对药品的监督管理,确保药品质量,保障广大人民群众用药安全和身体健康的管理措施。学习和掌握药品管理法律制度,对于科学合理使用药品,保护和促进人体健康具有积极意义。

学习目标

(1) 能阐述药品的概念。

(2) 能理解药品上市许可持有人制度。

(3) 知道药品不良反应的法律规定。

(4) 能理解特殊药品的法律规定。

思维导图

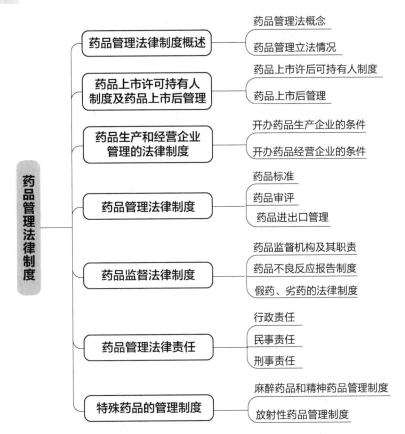

药品管理法律制度
- 药品管理法律制度概述
  - 药品管理法概念
  - 药品管理立法情况
- 药品上市许可持有人制度及药品上市后管理
  - 药品上市许后可持有人制度
  - 药品上市后管理
- 药品生产和经营企业管理的法律制度
  - 开办药品生产企业的条件
  - 开办药品经营企业的条件
- 药品管理法律制度
  - 药品标准
  - 药品审评
  - 药品进出口管理
- 药品监督法律制度
  - 药品监督机构及其职责
  - 药品不良反应报告制度
  - 假药、劣药的法律制度
- 药品管理法律责任
  - 行政责任
  - 民事责任
  - 刑事责任
- 特殊药品的管理制度
  - 麻醉药品和精神药品管理制度
  - 放射性药品管理制度

案例导入

电影《我不是药神》中的主人公原型陆勇,江苏无锡人,无锡市振生针织品有限公司的老板,慢性粒细胞白血病患者。他因给千余名网友分享购买仿制"格列卫"的印度抗癌药渠道被称"抗癌药代购第一人"(印度抗癌药代购案当事人),后被检方起诉。2004 年 6 月,陆勇偶然了解到印度生产仿制"格列卫"抗癌药,其后他帮助患者购买此药,人数达数千人。2014 年 7 月 21 日,沅江市检察院以"妨碍信用卡管理"和"销售假药"罪,将陆勇公诉至沅江市法院。2015 年 1 月 27 日,沅江市检察院向法院请求撤回对陆勇的起诉,法院当天对"撤回起诉"做出准许裁定,2015 年 1 月 29 日下午陆勇获释。

问题:

试用《药品管理法》相关法律知识分析陆勇案。

第一节 药品管理法律制度概述

一、药品管理法概念

药品是指用于预防、治疗、诊断人的疾病,有目的地调节人的生理机能并规定有适应证或者功能主治、用法和用量的物质,包括中药、化学药和生物制品等。药品和其他商品一样,通过一定渠道进入消费领域,同样具有商品的一般属性。同时,药品又是一类特殊商品,它是人类防治疾病必不可少的重要武器。药品质量的好坏,直接关系到千家万户的幸福和安宁。

药品管理法是调整药品研究、生产、经营、监督管理,保证药品质量,保障人体用药安全,维护人民身体健康和合法权益活动中产生的各种社会关系的法律规范的总称。在中华人民共和国境内从事药品研制、生产、经营、使用和监督管理活动,适用本法。我国药品管理法律法规建设同样也走过了一个漫长、曲折的过程。

二、药品管理立法情况

中国古代的药政管理始于周朝,历代朝廷设置专门的医药行政管理机构和人员,掌医药之政令。中华人民共和国成立后,我国药品监督管理逐步走上了法制轨道。1950年11月,经政务院批准,卫生部颁布了《麻醉药品管理暂行条例》,这是我国药品管理的第一部行政法规。1963年10月经国务院批准,卫生部、化工部、商业部联合颁布了我国药品管理的第一部综合性法规——《关于加强药政管理的若干规定(草案)》,对药品的生产、经营、使用和进出口管理等方面作出了具体规定。1984年9月20日,第六届全国人民代表大会常务委员会第七次会议通过了《中华人民共和国药品管理法》(简称《药品管理法》),并于1985年7月1日起施行。这是中华人民共和国成立以来的第一部药品管理法律。该法实施以来,对于保证药品质量,保障人民用药安全、有效,打击制售假药、劣药,发挥了重要作用。随着改革开放的不断深化,我国社会经济生活已发生了深刻变化,药品监督管理中也出现了一些新情况、新问题,原有的药品管理法律法规已不能完全适应形势需要,必须进行修订。2001年2月28日,第九届全国人民代表大会常务委员会第二十次会议审议通过了经过修订的《中华人民共和国药品管理法》(以下简称《药品管理法》),并自2001年12月1日起施行。2013年12月28日,第十二届全国人民代表大会常务委员会第六次会议再修订。2015年4月24日第十二届全国人民代表大会常务委员会第十四次会议于通过了《全国人民代表大会常务委员会关于修改〈中华人民共和国药品管理法〉的决定》,2019年8月26日第十三届全国人民代表大会常务委员会第十二次会议第二次修订,新修订药品管理法共计12章155条,于2019年12月1日起施行,是该法35年来第四次修订。

📖 拓展阅读9-1 我国药品管理立法介绍
拓展阅读9-2 药品管理法律法规的适用范围

第二节 药品上市许可持有人制度及药品上市后管理

一、药品上市许可持有人制度

国家对药品管理实行药品上市许可持有人制度。药品上市许可持有人依法对药品研制、生产、经营、使用全过程中药品的安全性、有效性和质量可控性负责。药品上市许可人制度,明确药品全生命周期质量安全责任。药品上市许可持有人是2019年新修改完善增加的部分。药品上市许可持有人是指取得药品注册证书的企业或者药品研制机构等。药品上市许可持有人应当依照本法规定,对药品的非临床研究、临床试验、生产经营、上市后研究、不良反应监测及报告与处理等承担责任。其他从事药品研制、生产、经营、储存、运输、使用等活动的单位和个人依法承担相应责任。药品上市许可持有人的法定代表人、主要负责人对药品质量全面负责。

药品上市许可持有人应当建立药品质量保证体系,配备专门人员独立负责药品质量管理。药品上市许可持有人应当对受托药品生产企业、药品经营企业的质量管理体系进行定期审核,监督其持续具备质量保证和控制能力。

药品上市许可持有人可以自行生产药品,也可以委托药品生产企业生产。药品上市许可持有人自行生产药品的,应当依照本法规定取得《药品生产许可证》;委托生产的,应当委托符合条件的药品生产企业。药品上市许可持有人和受托生产企业应当签订委托协议和质量协议,并严格履行协议约定的义务。国务院药品监督管理部门制定药品委托生产质量协议指南,指导、监督药品上市许可持有人和受托生产企业履行药品质量保证义务。血液制品、麻醉药品、精神药品、医疗用毒性药品、药品类易制毒化学品不得委托生产,但是国务院药品监督管理部门另有规定的除外。

药品上市许可持有人应当建立药品上市放行规程,对药品生产企业出厂放行的药品进行审核,经质量受权人签字后方可放行。不符合国家药品标准的,不得放行。药品上市许可持有人可以自行销售其取得药品注册证书的药品,也可以委托药品经营企业销售。药品上市许可持有人从事药品零售活动的,应当取得《药品经营许可证》。

药品上市许可持有人自行销售药品的,应当具备本法第52条规定的条件;委托销售的,应当委托符合条件的药品经营企业。药品上市许可持有人和受托经营企业应当签订委托协议,并严格履行协议约定的义务。

药品上市许可持有人、药品生产企业、药品经营企业委托储存、运输药品的,应当对受托方的质量保证能力和风险管理能力进行评估,与其签订委托协议,约定药品质量责任、操作规程等内容,并对受托方进行监督。药品上市许可持有人、药品生产企业、药品经营企业和医疗机构应当建立并实施药品追溯制度,按照规定提供追溯信息,保证药品可追溯。药品上市许可持有人应当建立年度报告制度,每年将药品生产销售、上市后研究、风险管理等情况按照规定向省、自治区、直辖市人民政府药品监督管理部门报告。药品上市许可持有人为境外企业的,应当由其指定的在中国境内的企业法人履行药品上市许可持有人义务,与药品上市许可持有人承担连带责任。中药饮片生产企业履行药品上市许可持有人的相关义务,对中药饮片生产、销售实行全过程管理,建立中药饮片追溯体系,保证中药饮片安全、有效、可追溯。经国务院药品监督管理部门批准,药品上市许可持有人可以转让药品上市许可。受让方应当具备保障药品安全性、有效性和质量可控性的质量管理、风险防控和责任赔偿等能力,履行药品上市许可持有人义务。

二、药品上市许可持有人的管理职责

药品上市许可持有人应当制订药品上市后风险管理计划,主动开展药品上市后研究,对药品的安全性、有效性和质量可控性进一步确证,加强对已上市药品的持续管理。

📖 拓展阅读9-3　药品上市后管理

第三节　药品生产和经营企业管理法律制度

📖 在线案例9-1　护士转行后是否还能进行护理治疗?

为了保证药品质量和人体用药安全有效,促进我国医药卫生事业的健康发展,国家对药品生产企业和经营企业都做出了具体的规定。

一、药品生产企业法律制度

药品生产企业是指生产药品的专营企业或者兼营企业。开办药品生产企业,应当符合国家制定的药品行业发展规划和产业政策,防止重复建设,且必须具备以下条件:①具有依法经过资格认定的药学技术人员、工程技术人员及相应的技术工人;②具有与其药品生产相适应的厂房,设施和卫生环境;③具有能对所生产药品进行质量管理和质量检验的机构、人员以及必要的仪器设备;④具有保证药品质量的规章制度。

📖 拓展阅读9-4　药品包装管理

二、药品经营企业的管理

从事药品批发活动,应当经所在地省、自治区、直辖市人民政府药品监督管理部门批准,取得《药品经营许可证》。从事药品零售活动,应当经所在地县级以上地方人民政府药品监督管理部门批准,取得《药品经营许可证》。无《药品经营许可证》的,不得经营

药品。《药品经营许可证》应当标明有效期和经营范围,到期重新审查发证。

药品经营企业是指经营药品的专营企业或兼营企业。开办药品经营企业,应遵循合理布局和方便群众购药的原则,且必须具备下列条件:①具备依法经过资格认定的药学技术人员;②具有与所经营药品相适应的营业场所、设备、仓储设施、卫生环境;③具有与所经营药品相适应的质量管理机构或人员;④具有保证所经营药品质量的规章制度,并符合国务院药品监督管理部门依据本法制定的药品经营质量管理规范要求。

从事药品经营活动,应当遵守药品经营质量管理规范,建立健全药品经营质量管理体系,保证药品经营全过程持续符合法定要求。国家鼓励、引导药品零售连锁经营。从事药品零售连锁经营活动的企业总部,应当建立统一的质量管理制度,对所属零售企业的经营活动履行管理责任。药品经营企业的法定代表人、主要负责人对本企业的药品经营活动全面负责。

药品经营企业必须制订和执行药品保管制度,采取必要的保护措施,保证药品质量。药品进库和出库必须执行检查制度。

📖 拓展阅读9-5 经营药品的质量管理

第四节 药品管理法律制度

📖 拓展阅读9-6 药品标准
拓展阅读9-7 药品审评

药品管理是药品管理法律制度的重要内容,是对药品实施监督管理的最基本的规定。其中涉及药品研制、药品审评、药品生产、药品购进、药品进出口、特殊药品管理、药品分类管理以及对假药、劣药的界定等。

为了加强药品管理,保证广大人民群众安全、有效用药,国家对药品实行处方药和非处方药分类管理制度。国家药品监督管理部门于1999年发布了《处方药与非处方药分类管理办法》,并按照"应用安全、疗效确切、质量稳定、使用方便"的原则,公布了《第一批国家非处方药目录》,至今已公布了《第五批国家非处方药药品目录》。

处方药是指必须凭具有处方资格的医师开具的处方方可调配、购买和使用,并在医务人员指导和监控下使用的药品。非处方药是指不用医师诊断和开处方,消费者依据自己所掌握的医药知识,并借助阅读药品标识物,对小伤小病自我诊断和选择应用的药品。在美国称之为"柜台上的药物",即OTC(over-the counter drug)。其特点是安全、有效、稳定、方便。

处方药和非处方药的分类管理,是我国药品监督管理方面的重大改革之一,它有助于保护药品消费者的权利,对我国药品管理模式尽快与国际接轨有着十分重要的意义。

拓展阅读 9-8 网络销售药品规定

拓展阅读 9-9 药品进出口管理

第五节 药品监督法律制度

药品监督规定了药品监督管理部门和药品检验机构在药品管理工作中应负的责任、权利与义务，规定了药品监督管理部门行使行政强制措施的情形；从药物警戒、监督检查、信用管理、应急处置等方面强化了药品全生命周期管理理念的落实，细化完善了药品监管部门的处理措施，提升监管效能。设立了药品质量公告和对药品检验结果的申请复验及不良反应报告制度。

一、药品监督机构及其职责

药品监督管理部门应当依照法律、法规的规定对药品研制、生产、经营和药品使用单位使用药品等活动进行监督检查，必要时可以对为药品研制、生产、经营、使用提供产品或者服务的单位和个人进行延伸检查，有关单位和个人应当予以配合，不得拒绝和隐瞒。药品监督管理部门应当对高风险的药品实施重点监督检查。对有证据证明可能存在安全隐患的，药品监督管理部门根据监督检查情况，应当采取告诫、约谈、限期整改以及暂停生产、销售、使用、进口等措施，并及时公布检查处理结果。药品监督管理部门进行监督检查时，应当出示证明文件，对监督检查中知悉的商业秘密应当保密。

国家实行药品安全信息统一公布制度。药品监督管理部门及其设置或者指定的药品专业技术机构的工作人员不得参与药品生产经营活动。

拓展阅读 9-10 药品检验机构及其职责

拓展阅读 9-11 药品监督机构及职责

二、药品不良反应报告制度

作为防病治病、康复保健的特殊商品，用药安全是药品管理的重要内容。为加强上市药品的安全监管，规范药品的不良反应报告和监测的管理，保障人们用药安全。根据《药品管理法》，1999 年 11 月国家药品监督管理部门会同卫生部组织制定了《药品不良反应检测管理办法（试行）》，这标志着我国药品不良反应报告实施的开始。2004 年 3 月，卫生部、国家食品药品监督管理局联合发布了《药品不良反应报告和检测管理办法》。世界卫生组织（WHO）于 1970 年正式成立了国际药物检测中心。我国于 1989 年成立了国家药品不良反应检测中心，1997 年正式加入 WHO 国际药物检测中心。

1. 药品不良反应的概念

药品不良反应是指合格药品在正常用法用量下出现的与用药目的无关或意外的有

害反应。药品不良反应是受药学研究技术和人们认识水平限制而导致的必然现象，一种药品尽管上市前经过无数次动物实验和临床实验证明其安全有效，但绝不等于上市后绝对安全有效，所以药品不良反应不同于药品质量事故、医疗差错或医疗事故。

2. 药品不良反应管理机构

国家食品药品监督管理局主管全国的药品不良反应监测工作，省、自治区、直辖市人民政府的食品药品监督管理局主管本行政区域内的药品不良反应监测工作，各级卫生主管部门负责医疗机构中与实施药品不良反应报告制度有关的管理工作。

3. 药品不良反应报告程序及要求

国家实行药品不良反应报告制度。药品生产、经营企业和医疗机构应按规定报告所发现的药品不良反应。

> 拓展阅读9-12　药品不良反应报告程序及要求

三、假药、劣药的法律制度

新修订的《药品管理法》第98条明确对假药和劣药做了明确规定：

（1）有下列情形之一的，为假药：①药品所含成分与国家药品标准规定的成分不符；②以非药品冒充药品或者以他种药品冒充此种药品；③变质的药品；④药品所标明的适应证或者功能主治超出规定范围。

（2）有下列情形之一的，为劣药：①药品成分的含量不符合国家药品标准；②被污染的药品；③未标明或者更改有效期的药品；④未注明或者更改产品批号的药品；⑤超过有效期的药品；⑥擅自添加防腐剂、辅料的药品；⑦其他不符合药品标准的药品。

禁止未取得药品批准证明文件生产、进口药品；禁止使用未按照规定审评、审批的原料药、包装材料和容器生产药品。

第六节　药品管理法律责任

任何单位、组织和个人，凡违反药品管理法律制度的行为都应该承担相应的法律责任。药品管理法律责任同样包括行政责任、民事责任和刑事责任。

一、行政责任

违反《药品管理法》的有关规定，由县级以上食品药品监督管理部门按照食品药品监督管理局规定的职责分工决定行政处罚。吊销《药品生产许可证》《药品经营许可证》《医疗机构制剂许可证》《医疗机构执业许可证》或撤销药品批准证明文件的，由原发证、批准的部门决定。药品生产企业、经营企业、医疗机构在药品购销中暗中给予、收受回扣或其他利益的，药品生产企业、经营企业或者其代理人给予使用其药品的医疗机构的负责人、药品采购人员、医师等有关人员以财物或其他利益的,由工商行政管理部门处罚。医疗机构的负责人、药品采购人员、医师等有关人员收受药品生产企业、经营企业或其代理人给予的财物或其他利益的,由卫生行政部门处罚。

> 拓展阅读9-13　违法行为及行政处罚
> 拓展阅读9-14　违法行为及行政处分

二、民事责任

药品的生产企业、经营企业、医疗机构违反药品管理法规定,给药品使用者造成损害的,依法承担赔偿责任。药品检验机构出具的检验结果不实,造成损失的应当承担相应的赔偿责任。

三、刑事责任

违反药品管理法的有关规定,情节严重,构成犯罪的,依法追究刑事责任。

《刑法》第141条规定：生产、销售假药,足以严重危害人体健康的,处3年以下有期徒刑或拘役,并处或单处销售金额50%以上2倍以下罚金。对人体健康造成严重危害的,处3年以上有期徒刑,并处销售金额50%以上2倍以下罚金。致人死亡或对人体健康造成特别严重危害的,处10年以上有期徒刑、无期徒刑或者死刑,并处销售金额50%以上2倍以下罚金或者没收财产。

《刑法》第142条规定：生产、销售劣药,对人体健康造成严重危害的,处3年以上10年以下有期徒刑,并处销售金额50%以上2倍以下罚金。后果特别严重的,处10年以上有期徒刑或无期徒刑,并处销售金额50%以上2倍以下罚金或者没收财产。

《刑法》第355条规定：依法从事生产、运输、管理、使用国家管制的麻醉药品、精神药品的人员,违反国家规定,向吸毒、注射毒品的人员提供国家规定管制的能够使人形成瘾癖的麻醉药品、精神药品的,处3年以下有期徒刑或拘役,并处罚金。情节严重的,处3年以上7年以上有期徒刑,并处罚金。向走私、贩毒的犯罪分子或以牟利为目的,向吸毒、注射毒品的人提供国家规定管制的能够使人形成瘾癖的麻醉药品、精神药品的,依照《刑法》关于走私、贩卖、运输、制造毒品的规定予以定罪处罚。单位犯上述罪的,对单位判处罚金,并对其直接负责的主管人员和其他直接责任人员,依照上述的规定处罚。

第七节　特殊药品的管理制度

特殊药品包括麻醉药品、精神药品、医疗用毒性药品和放射性药品。这些药品若使用不当,则会对社会和人体健康造成严重危害。因此,国家对这些药品实行特殊管理。

一、麻醉药品和精神药品管理制度

为加强麻醉药品和精神药品的管理,保证麻醉药品和精神药品的合法、安全、合理使用,防止流入非法渠道,根据药品管理法和其他有关法律的规定,国务院于 2005 年 7 月 26 日第 100 次常务会议通过《麻醉药品和精神药品管理条例》,自 2005 年 11 月 1 日起施行。该条例共 9 章 89 条。2016 年 2 月,国务院根据《国务院关于修改部分行政法规的决定》对《麻醉药品和精神药品管理条例》作了第二次修订。

麻醉药品和精神药品,是指列入麻醉药品目录、精神药品目录的药品和其他物质。精神药品分为第一类精神药品和第二类精神药品。

开具麻醉药品、精神药品使用专用处方。具有处方权的医师在为患者首次开具麻醉药品、第一类精神药品处方时,应当亲自诊查患者,为其建立相应的病历,留存患者身份证明复印件,要求其签署《知情同意书》。病历由医疗机构保管。

🔲 拓展阅读 9 - 15　麻醉药和精神药品管理制度

二、放射性药品管理制度

放射性药品是指用于临床诊断或者治疗的放射性核素制剂或者其标记药物。包括裂变制品、堆照制品、加速器制品、放射性同位素发生器及其配套药盒、放射免疫分析药盒等。为了加强放射性药品的管理,1989 年 1 月 13 日国务院第 25 号令颁布了《放射性药品管理办法》。2006 年 1 月,国家食品药品监督管理局和中华人民共和国卫生部又颁布了《医疗机构制备正电子类放射性药品管理规定》。

🔲 拓展阅读 9 - 16　使用放射性药品的条件及审批程序

（周　伟）

🔲 PPT 课件　　🔲 复习与自测　　🔲 更多内容……

第十章 血液管理法律制度

章前引言

对于当代医学尤其是外科医学的发展而言,献血是至关重要的一项事业。如果没有献血事业的发展,当代医学的发展举步维艰,很多生命就无法得到应有的救治,通过献血与输血,使很多人重新获得了健康乃至生命。我国高度重视献血工作,专门制定了《中华人民共和国献血法》(简称《献血法》),无偿献血工作在我国稳步推进。

学习目标

(1)理解无偿献血制度、临床用血的规定、血液制品及其管理的规定。

(2)知道血站、临床用血机构、血液制品生产经营单位的执业许可与管理制度。

(3)能阐述血液管理法律制度的适用、立法意义及违反相关法律制度应当承担的法律责任。

(4)能应用血液管理法律法规解决实践中遇到的法律问题。

(5)具有自觉履行义务献血的社会责任和血液管理中依法办事的自觉性。

思维导图

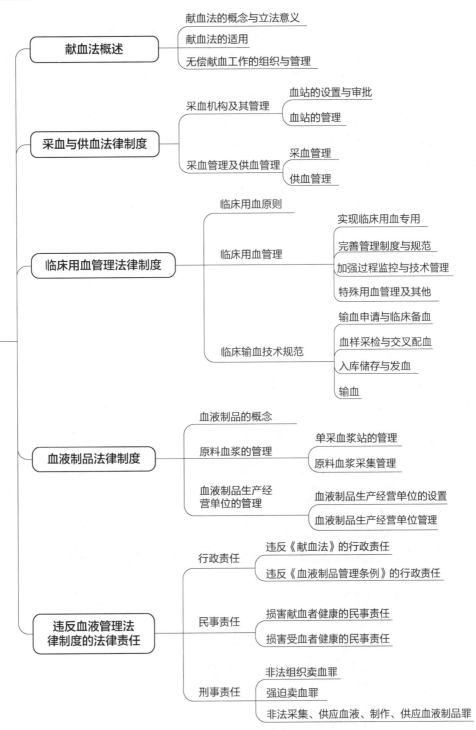

案例导入

患者张某因妊娠合并肝坏死而血流不止,前往某医院就医。医生对其实施紧急救治,由于患者体内血小板等凝血因子活性受到破坏,该医院血库的存血全部输进患者体内仍不够用。医院随即与省中心血站及其他医院联系支援新鲜全血,均因种种原因没有结果。眼看张某因失血过多性命难保,其家人便提出自己献血救亲人的要求,未获准许。最终,医生采集了闻讯赶到现场的子弟兵们的鲜血,张某最终得救。但当媒体对此事进行赞扬报道时,该医院自行组织采输血的行为却受到主管部门的严肃处理。

问题:

(1)医院主管部门的处理是否是片面理解了《献血法》和《医疗机构临床用血管理办法》?

(2)医院未批准患者家人献血救人的要求,是否符合《献血法》的有关规定?

第一节　献血法概述

血液是生命之源,其在生理和临床上的功能和作用是药物所不可替代的。血液及血液制品在临床救治上早已被广泛应用,随之输血安全及血液制品的质量越来越受到人们的关注,依法加强和完善血液和血液制品的管理也势在必行。

一、献血法的概念与立法意义

献血一般指无偿献血,即献血者捐献全血、血浆或血液成分,而不收取任何报酬。为保证医疗临床用血安全,保障献血者和用血者的健康与生命安全,必须建立健全献血法律制度。

1. 献血法的概念

献血法是指调整保证临床用血需要和安全,保证献血者和用血者身体健康活动中产生的各种社会关系的法律规范的总称。

2. 献血法的立法意义

(1)有利于保证医疗和临床用血需要。

(2)有利于保障献血者和用血者的身体健康。

(3)有利于促进社会主义物质文明和精神文明建设。

📖 拓展阅读 10-1　献血法的分类

二、献血法的适用

献血法适用于中华人民共和国境内的各级人民政府、各级卫生行政部门、所有采供血机构、医疗临床用血机构、血液制品生产与经营机构以及 18～55 周岁的全体公民。

拓展阅读 10-2　《献血法》的适用规定

三、无偿献血工作的组织与管理

《献血法》第 2 条规定:国家实行无偿献血制度。无偿献血是指达到一定年龄的健康公民向血站自愿地提供自身血液或某种血液成分用于临床,而不索取任何报酬的制度。

1. 无偿献血的主体

我国无偿献血的主体是所有 18～55 周岁的健康公民,既往无献血反应、符合健康检查要求的多次献血者主动要求再次献血的,年龄可延长至 60 周岁。

拓展阅读 10-3　无偿献血者享有的权利

2. 无偿献血的组织和动员

(1) 加大组织化动员与宣传。

(2) 鼓励表率与示范。

3. 无偿用血的管理

对于无偿献血的管理,献血法明确规定了相关机构及其职责、权限。

(1) 国务院卫生行政部门主要负责制定下列相关标准:①献血者的身体健康检查标准;②血站技术操作规程及血液质量标准;③血站的设立条件和管理办法等。

(2) 血站、医疗机构等职责权限:①无偿献血的血液必须用于临床,不得买卖。②加强临床用血安全管理。血站对临床用血的包装、储存、运输,必须符合国家规定的卫生标准和要求。

第二节　采血与供血法律制度

在我国,采血与供血的单位是血站。《献血法》第 8 条规定:血站是采集、提供临床用血的机构,是不以营利为目的的公益性组织。我国实行《血站执业许可证》制度,采供血业务必须由取得采供血许可的单位和个人进行,血站必须按照注册登记的项目、内容、范围开展供血业务,并为献血者提供各种安全、卫生、便利条件。

一、采血机构及其管理

1. 血站的设置与审批

(1) 血站的设置:我国《血站管理办法》(2006 年 3 月 1 日起实施)规定:各省级人民政府卫生行政部门根据本行政区域人口、医疗资源、临床用血需要等实际情况和当地区域卫生发展规划,制定本行政区域血站设置规划。

（2）血站的审批：设立血站向公民采集血液，必须经国务院卫生行政部门或者省、自治区、直辖市人民政府卫生行政部门批准。

2. 血站的管理

（1）血站的执业许可。

（2）血站的监管。

拓展阅读10-4　血站的设置、审批和执业许可

二、采血管理及供血管理

血站在开展采供血业务时，以获得安全的血液为根本。血站必须严格遵守各项技术操作规程和制度，为医疗机构提供合格血液，确保临床用血的安全和献血者的健康。

1. 采血管理

（1）采血主体管理。

（2）采血流程管理。

（3）采后管理。

拓展阅读10-5　血站采血管理

2. 供血管理

（1）血液储备制度：血站应当保证供应给医疗机构的血液在质量、品种、规格、数量上毫无差错。

（2）血液调配制度：特殊血型需要从外省、自治区、直辖市调配血液的，或因科研等特殊需要而进行血液调配的，由供需双方省级人民政府卫生行政部门协商和审批。

（3）应急与制备制度：血站应当制定重大灾害事故的应急采供血预案，并从血源、管理制度、技术能力和设备条件上保证预案的实施，满足应急用血的需要。

（4）统计与报告制度：血站应当按照规定填写采供血统计报表，必须严格执行《传染病防治法》和《传染病防治法实施办法》规定的疫情报告制度。

拓展阅读10-6　血液储备制度

第三节　临床用血管理法律制度

临床用血包括使用全血和成分血。除批准的科研项目外，医疗机构不得使用原料血浆，不得直接使用脐带血。医疗临床用血是救死扶伤的必要环节，为加强医疗机构临床用血管理，使临床用血管理更加规范化、法制化，在《献血法》制定实施后，卫生部根据献血法的有关规定，先后制定发布了《医疗机构临床用血管理办法（试行）》和《临床输血技术规范》。

一、临床用血原则

医疗机构临床用血的原则主要有：专用、合理、科学。

拓展阅读 10-7　临床用血的原则

二、临床用血的管理

1. 实现临床用血专用

2. 完善管理制度和规范

3. 加强过程监控与技术管理

（1）医疗机构应当使用卫生行政部门指定血站提供的血液，即由县级以上的人民政府卫生行政部门指定的血站供给，其包装、储存、运输等必须符合国家规定的卫生标准和要求。

（2）医疗机构应当对血液预订、接收、入库、储存、出库及库存预警等进行管理，保证血液储存、运送符合国家有关标准和要求。

（3）医疗机构应当在血液发放和输血时进行核对，并指定医务人员负责血液的收领、发放工作。

4. 特殊用血管理及其他

（1）自体输血：为保障公民临床急救用血的需要，国家提倡并指导择期手术的患者自体输血，医疗机构动员符合条件的患者接受自体输血技术，提高输血治疗效果和安全性。

（2）临时采血、备血：①医疗机构为保证急救用血，可临时采集血液，但应确保采血、用血安全。②公民临床用血时须交付用于血液的采集、储存、分离、检验等费用，无偿献血者临床用血时，免交上述费用。无偿献血者的配偶及直系亲属临床用血时，可以按照省级人民政府的规定减、免上述费用。

拓展阅读 10-8　输血科的设置

三、临床输血技术规范

卫生部于 2000 年 6 月 1 日发布了《临床输血技术规范》，自 2000 年 10 月 1 日起实施，以保证在各级医疗机构中更好地推广科学、合理用血技术，杜绝血液的浪费和滥用，确保临床用血安全。其主要内容如下：

1. 输血申请与临床备血

（1）申请、签字与备案：申请输血应由经治医师逐项填写《临床输血申请单》，由主治医师核准签字，连同受血者血样于预定输血日期前送交输血科（血库）备血。

（2）临床采血、贮血：术前自身贮血由输血科（血库）负责采血和贮血，经治医师负责输血过程的医疗监护。手术室内的自身输血包括急性等容性血液稀释、术野自身血回输及术中控制性低血压等医疗技术由麻醉科医师负责实施。

（3）特殊献血与用血。

> 拓展阅读10-9　备血要求
> 拓展阅读10-10　特殊献血与用血

2. 血样采检与交叉配血

（1）血样的采集与送检：确定输血后，医护人员持输血申请单和贴好标签的试管，当面核对患者的姓名、性别、年龄、病案号、病室/门急诊、床号、血型和诊断，采集血样。由医护人员或专门人员将受血者血样与输血申请单送交输血科（血库），双方进行逐项核对。

（2）血样的交叉配血。

> 拓展阅读10-11　血样的交叉配血

3. 入库储存与发血

（1）血液入库储存：①做好血液入库核对、验收；②做好血液出、入库核对、领发登记和资料留存，有关资料需保存十年；③做好专业贮存。

（2）取血与发血：配血合格后，由医护人员到输血科（血库）取血。

4. 输血

> 拓展阅读10-12　血液入库核对和验收要求
> 拓展阅读10-13　取血要求
> 拓展阅读10-14　输血中的注意事项

第四节　血液制品法律制度

一、血液制品的概念

血液制品特指人血浆蛋白制品。血液制品的原料是血浆，即原料血浆。单采血浆站是专门从事原料血浆采集、供应的单位。

二、原料血浆的管理

1. 单采血浆站的设置

（1）申请设置与行政审批：申请设置单采血浆站，必须报经省、自治区、直辖市人民政府卫生行政部门审批，经审查符合设置条件的，核发《单采血浆许可证》，并报国务院卫生行政部门备案。

（2）范围与权限：血站不得进行单采血浆活动，血站与单采血浆站分开。单采血浆站只能对省、自治区、直辖市人民政府卫生行政部门划定区域内的供血浆者进行筛查和采集血浆。在一个采血浆区域内,只能设置一个单采血浆站。

　　拓展阅读10-15　单采血浆站的条件

　　2. 原料血浆采集管理

　　(1)健康检查。

　　(2)血浆采集。

　　(3)血浆供应。

　　拓展阅读10-16　原料血浆采集管理

三、血液制品生产经营单位管理

　　1. 血液制品生产经营机构的设置

　　(1)建设审批。

　　(2)生产、经营许可。

　　(3)相关禁令。

　　2. 血液制品的生产经营管理

　　(1)品种和文号。

　　(2)原料血浆采供。

　　(3)原料血浆及成品检测。

　　(4)上市前后的其他规定。

　　拓展阅读10-17　血液制品生产经营机构的设置及其生产和经营

第五节　违反血液管理法律制度的法律责任

　　无偿献血是一种高尚的行为,无偿献血者将获发国务院卫生行政部门制作的《献血证》。依据《全国无偿献血表彰奖励办法》,还将对无偿献血事业作出显著成绩和贡献的个人、集体、省(市)和部队给予无偿献血表彰的相应奖励。同时,对于违反《献血法》有关规定的,视情节轻重,将依法承担行政责任、民事责任或刑事责任。

一、行政责任

　　1. 违反《献血法》的行政责任

　　违反《献血法》规定,情节和社会危害性较轻,尚不构成犯罪的,依法承担相应的行政责任。具体行政违法行为和行政责任和处罚有:

　　(1)非法采血、卖血。《献血法》第18条规定:有下列行为之一的,由县级以上地方人民政府卫生行政部门予以取缔,没收违法所得,可以并处十万元以下的罚款:①非法采集血液的;②血站、医疗机构出售无偿献血的血液的;③非法组织他人出卖血液的。

（2）违规操作采血的。

（3）包装、储存、运输不符合规定的。

（4）提供不合格临床用血的。

（5）不按规定临床用血的。

（6）不依法监管献血、用血的。

2. 违反《血液制品管理条例》的行政责任

未取得省、自治区、直辖市人民政府卫生行政部门核发的《单采血浆许可证》，非法从事组织、采集、供应、倒卖原料血浆活动的，由县级以上地方人民政府卫生行政部门予以取缔，没收违法所得和从事活动的器材、设备，并处违法所得 5 倍以上 10 倍以下的罚款；没有违法所得的，并处 5 万元以上 10 万元以下的罚款。

拓展阅读 10-18　单采血浆站违法违规行政责任

二、民事责任

1. 损害献血者健康的民事责任

2. 损害受血者健康的民事责任

拓展阅读 10-19　损害献血者、供血者健康的民事责任

三、刑事责任

《献血法》规定，有下列情况之一：非法采集血液的，血站、医疗机构出售无偿献血的血液的，非法组织他人出卖血液的；血站违反有关部门操作规程和制度采集血液的，给献血者健康造成损害；血站违反法律规定向医疗机构提供不符合国家规定标准血液的，情节严重，造成经血液途径传播的疾病传播或者有传播严重危险；医疗机构的医务人员违反法律规定，将不符合国家规定标准的血液用于患者，给患者健康造成损害，且构成犯罪的（属于危害公共安全罪），依法追究刑事责任。

（1）非法组织卖血罪。

（2）强迫卖血罪。

（3）非法采集、供应血液、制作、供应血液制品罪。

拓展阅读 10-20　《刑法》规定的相关罪名

（张悦敏　严建军）

PPT 课件　　复习与自测　　更多内容……

第十一章 传染病防治法律制度

章前引言

　　传染病是由病原体引起的能在人与人、动物与动物或人与动物之间相互传播的一类疾病。《中华人民共和国传染病防治法》(简称《传染病防治法》)是为了预防、控制和消除传染病的发生与流行,保障人体健康和公共卫生制定的法律,1989 年 9 月 1 日起施行;2004 年修订,同年 12 月 1 日起施行;2013 年再次修正,自公布之日起施行。2020 年 10 月 2 日,国家卫生健康委员会发布《传染病防治法》修订征求意见稿。此次草案提出,任何单位和个人发现传染病患者或者疑似传染病患者时,应当及时向附近的疾病预防控制机构或者医疗机构报告,可按照国家有关规定予以奖励;对经确认排除传染病疫情的,不予追究相关单位和个人责任。

学习目标

　　(1) 理解传染病防治的立法宗旨和基本原则。

　　(2) 能简述传染病的监督制度、违反传染病防治法的法律责任。

　　(3) 能判断法定传染病的种类,根据要求进行传染病预防及报告。

思维导图

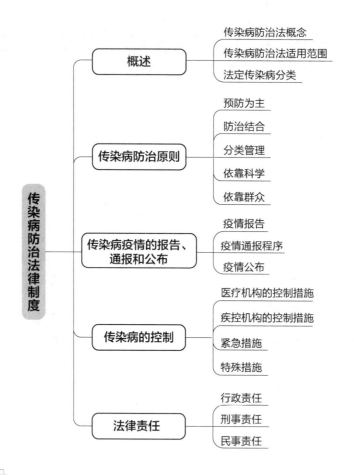

案例导入

2019年12月底,新型冠状病毒肺炎疫情暴发。李某、夏某夫妇为某县某乡人,武汉个体户。1月20日,李某夫妇等一行六人驾车从武汉返回老家,不主动向村委会报告,不按规定居家隔离,四处参加聚会、打麻将,结果致使多人受到影响。1月23日晚上8点,夏某出现发热症状,体温达39℃,伴咳嗽,不及时就医,直至24日下午到县人民医院入院治疗,1月27日被确诊为新型冠状病毒肺炎。李某也于1月28日发病,29日被确诊为新型冠状病毒肺炎。李某在陪护夏某住院期间大吵大闹,不愿意接受集中隔离观察,甚至躲藏。2月2日,周某(夏某妯娌)确诊为新型冠状病毒肺炎,在接受流行病学史调查时,未如实回答,隐瞒了部分接触过的人和到过的地方。由于李某夫妇从武汉回来未主动做好医学观察,在流行病学调查过程中隐瞒不配合,造成同村42人隔离留观,造成除李某同车4人确诊为新型冠状病毒肺炎外,还有2名村民被确诊并隔离治疗。

问题：

李某等人的做法违反了《传染病防治法》中哪些条款？

第一节 传染病防治原则

一、概述

1. 传染病防治法的概念

传染病防治法是指调整因预防、控制和消除传染病的发生与流行，保障人体健康和公共卫生活动中产生的各种社会关系的法律规范的总称，隶属于行政法范畴。

拓展阅读11-1 传染病防治法的广义与狭义之分

2. 传染病防治法的适用范围

《传染病防治法》第12条规定：在中华人民共和国领域内的一切单位和个人，必须接受疾病预防控制机构、医疗机构有关传染病的调查、检验、采集样本、隔离治疗等预防、控制措施，如实提供有关情况。

拓展阅读11-2 一切单位与个人的范畴

3. 法定传染病的分类

《传染病防治法》根据传染病的危害程度和应采取的监督、监测、管理措施，参照国际分类标准，结合我国实际情况，将全国发病率较高、流行面大、危害严重的39种急性和慢性传染病列为法定管理的传染病。并根据其传播方式、速度及其对人类危害程度的不同，分为甲、乙、丙三类，实行分类管理。

（1）甲类传染病：共2种，包括鼠疫、霍乱，是强制管理的传染病。病例发生后，报告疫情的时限，对患者、携带者的隔离、治疗方式，以及疫点、疫区的处理均有强制要求。

（2）乙类传染病：共26种，包括传染性非典型肺炎、艾滋病、病毒性肝炎、脊髓灰质炎、人感染高致病性禽流感、麻疹、流行性出血热、狂犬病、流行性乙型脑炎、登革热、炭疽、细菌性和阿米巴性痢疾、肺结核、伤寒和副伤寒、流行性脑脊髓膜炎、百日咳、白喉、新生儿破伤风、猩红热、布鲁氏菌病、淋病、梅毒、钩端螺旋体病、血吸虫病、疟疾。

对乙类传染病中传染性非典型肺炎、炭疽中的肺炭疽和人感染高致病性禽流感，需采取甲类传染病的预防和控制措施。其他乙类传染病需要采取甲类传染病的预防和控制措施的，由国务院卫生行政部门及时报经国务院批准后予以公布、实施。

（3）丙类传染病：共11种，包括流行性感冒、流行性腮腺炎、风疹、急性出血性结膜炎、麻风病、流行性和地方性斑疹伤寒、黑热病、包虫病（棘球蚴病）、丝虫病，除霍乱、细菌性和阿米巴性痢疾、伤寒和副伤寒以外的感染性腹泻病。

《传染病防治法》第3条规定：国务院卫生行政部门根据传染病暴发、流行情况和危害程度，可以决定增加、减少或者调整乙类、丙类传染病病种并予以公布。

二、传染病的防治原则

《传染病防治法》第2条规定：国家对传染病实行预防为主的方针，防治结合、分类管理、依靠科学、依靠群众。

（1）预防为主：是指坚持把预防作为传染病防控的首要步骤，从避免传染病的发生着手，采取措施进行预防。传染病一旦暴发流行，将产生极大的社会危害。因此，将预防为主作为传染病防治的基本方针，符合传染病防控的规律。我国对儿童实行预防接种制度，大幅度降低了乙型肝炎、麻疹、病毒性脑炎、新生儿破伤风等过去对我国人群构成严重威胁的传染病感染率，证明坚持预防为主是防控传染病的有效措施。

（2）防治结合：是在坚持预防为主方针的前提下，把预防措施和治疗措施结合起来。传染病防治包括预防和治疗两方面，二者相辅相成。对传染病患者进行治疗，既是保护患者生命健康，又是对传染源的有效管理，也能起到良好的预防作用。我国对结核病、艾滋病等传染病实施免费医疗或免费提供药物，改善了患者的生存质量，带来较好的社会效果。

（3）分类管理：是依据传染病的传播程度、社会危害等，将其分为不同级别类型，分别采取不同的预防和控制措施。将传染病科学分类管理，既能有效防控传染病，又可以将传染病对社会的危害降到最低。

（4）依靠科学：是指尊重传染病防控的自然规律，以科学的态度和方法应对传染病。传染病的发生、传播、流行与控制等都有规律可循，通过科学防控，传染病可防可治。

（5）依靠群众：是指在传染病的防控方面要有人民群众的支持和配合。

第二节　传染病防治和法律责任

一、传染病疫情的报告、通报和公布

疫情报告和公布是传染病管理工作的重要组成部分。及时、准确地掌握和交流疫情，有利于信息资源共享，及早提起预警，正确制订对策和措施，对防止传染病的流行具有十分重要的作用。

1. 疫情报告

任何单位和个人发现传染病患者或者疑似传染病患者时，都应当及时向附近的医疗保健机构或者卫生防疫机构报告。执行职务的医疗保健人员、卫生防疫人员是责任报告人。

📖 拓展阅读 11-3 传染病报告时限

2. 疫情通报程序

（1）港口、机场、铁路疾病预防控制机构以及国境卫生检疫机关发现甲类传染病患者、病原携带者、疑似传染病患者时，应当按照国家有关规定立即向国境口岸所在地的疾病预防控制机构或所在地县级以上地方人民政府卫生行政部门报告并互相通报。

（2）疾病预防控制机构应当主动收集、分析、调查、核实传染病疫情信息。接到甲类、乙类传染病疫情报告或者发现传染病暴发、流行时，应当立即报告当地卫生行政部门，由当地卫生行政部门立即报告当地人民政府，同时报告上级卫生行政部门和国务院卫生行政部门。

（3）县级以上地方人民政府卫生行政部门应当及时向本行政区域内的疾病预防控制机构和医疗机构通报传染病疫情以及监测、预警的相关信息。接到通报的疾病预防控制机构和医疗机构应当及时告知本单位的有关人员。

（4）国务院卫生行政部门应当及时向国务院其他有关部门和各省、自治区、直辖市人民政府卫生行政部门通报全国传染病疫情以及监测、预警的相关信息。

（5）毗邻及相关的地方人民政府卫生行政部门，应当及时互相通报本行政区域的传染病疫情以及监测、预警的相关信息。

（6）县级以上人民政府有关部门发现传染病疫情时，应当及时向同级人民政府卫生行政部门通报。

（7）中国人民解放军卫生主管部门发现传染病疫情时，应当向国务院卫生行政部门通报。

（8）动物防疫机构和疾病预防控制机构，应当及时互相通报动物间和人间发生的人畜共患传染病疫情以及相关信息。

3. 疫情的公布

《传染病防治法》第38条规定：国家建立传染病疫情信息公布制度。国务院卫生行政部门定期公布全国传染病疫情信息。省、自治区、直辖市人民政府卫生行政部门定期公布本行政区域的传染病疫情信息。传染病暴发、流行时，国务院卫生行政部门负责向社会公布传染病疫情信息，并可以授权省、自治区、直辖市人民政府卫生行政部门向社会公布本行政区域的传染病疫情信息。公布传染病疫情信息应当及时、准确。

二、传染病的控制

传染病控制是指传染病发生或暴发流行时，为了阻止传染病的扩散和蔓延而采取的措施。

1. 医疗机构应当采取的控制措施

（1）对甲类传染病患者，及时采取以下控制措施：对患者、病原携带者予以隔离治疗，隔离期限根据医学检查结果确定；对疑似患者，确诊前在指定场所单独隔离治疗；对医疗机构内的患者、病原携带者、疑似患者的密切接触者,在指定场所进行医学观察并采取其他必要的预防措施。拒绝隔离治疗或者隔离期未满擅自脱离隔离治疗的,可由公安机关协助医疗机构采取强制隔离治疗措施。

(2)对乙类或丙类传染病患者,应根据病情采取必要的治疗和控制传播措施。

(3)对本单位内被传染病病原体污染的场所、物品以及医疗废物,必须依照法律、法规实施消毒和无害化处置。

2. 疾病预防控制机构应采取的措施

对传染病疫情进行流行病学调查,根据调查提出划定疫点、疫区的建议,对被污染的场所进行卫生处理,对密切接触者在指定场所进行医学观察并采取必要的预防措施,向卫生行政部门提出疫情控制方案;传染病暴发、流行时,对疫点、疫区进行卫生处理,向卫生行政部门提出疫情控制方案,按照卫生行政部门的要求采取措施;指导下级疾病预防控制机构实施传染病预防、控制措施,组织、指导有关单位对传染病疫情处理。

3. 紧急措施

在传染病暴发、流行时,县级以上地方政府应立即组织力量防治,切断传播途径。必要时报上级政府决定,采取下列紧急措施并予以公告:

(1)限制或停止集会、集市、影剧院演出或其他人群聚集的活动。

(2)停工、停业、停课。

(3)封闭或者封存被传染病病原体污染的公共饮用水源、食品以及相关物品。

(4)控制或者扑杀感染的野生动物、家畜、家禽。

(5)封闭可能造成传染病扩散的场所。

上级人民政府接到下级人民政府关于采取上述紧急措施的报告时,应当即时作出决定。紧急措施的解除,由原决定机关决定并宣布。

除上述措施,还可采取封锁疫区等特殊措施。

> 拓展阅读11-4　传染病控制的特殊措施
> 拓展阅读11-5　有效管理传染源

三、法律责任

违反《传染病防治法》的行为均应承担法律责任,包括行政责任、刑事责任和民事责任。

> 拓展阅读11-6　违反传染病防治法的法律责任
> 拓展阅读11-7　传染病防治的监督

(潘敏侠)

　　▦ PPT课件　　▦ 复习与自测　　▢ 更多内容……

第十二章 突发公共卫生事件应急处理法律制度

章前引言

突发公共卫生事件应急处理法律制度是为有效预防、及时控制和消除突发公共卫生事件的危害,保障公众身体健康与生命安全,维护正常的社会秩序而制定的相关法律。作为护理专业学生,应了解突发公共卫生事件预防与应急处理准备、报告与信息发布流程以及相关的法律责任,并能用于指导实践。

学习目标

(1)能说出突发公共卫生事件的概念和特征,医疗卫生机构在突发公共卫生事件中的应急准备、应急处理措施及相应的责任。

(2)知道突发公共卫生事件应急报告的相关内容。

(3)能够对突发公共卫生事件的报告、通报制度有所了解。

思维导图

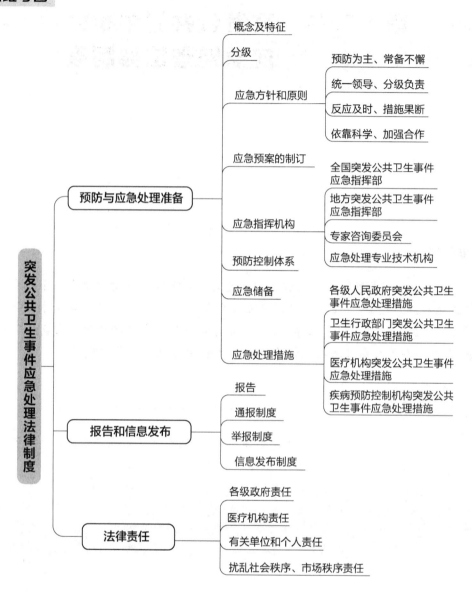

突发公共卫生事件应急处理法律制度

- 预防与应急处理准备
  - 概念及特征
  - 分级
  - 应急方针和原则
    - 预防为主、常备不懈
    - 统一领导、分级负责
    - 反应及时、措施果断
    - 依靠科学、加强合作
  - 应急预案的制订
  - 应急指挥机构
    - 全国突发公共卫生事件应急指挥部
    - 地方突发公共卫生事件应急指挥部
    - 专家咨询委员会
    - 应急处理专业技术机构
  - 预防控制体系
  - 应急储备
  - 应急处理措施
    - 各级人民政府突发公共卫生事件应急处理措施
    - 卫生行政部门突发公共卫生事件应急处理措施
    - 医疗机构突发公共卫生事件应急处理措施
    - 疾病预防控制机构突发公共卫生事件应急处理措施
- 报告和信息发布
  - 报告
  - 通报制度
  - 举报制度
  - 信息发布制度
- 法律责任
  - 各级政府责任
  - 医疗机构责任
  - 有关单位和个人责任
  - 扰乱社会秩序、市场秩序责任

案例导入

2020年1月31日凌晨,世界卫生组织正式对外宣布:中国新型冠状病毒肺炎疫情为"国际关注的突发公共卫生事件"。根据世界卫生大会发布的《国际卫生条例》第12条规定,国际关注的突发公共卫生事件是指"通过疾病的国际传播构成对其他国家的公共卫生风险并可能需要采取协调一致的国际应对措施的不同寻常的事件"。世界卫生组织确认国际关注的突发公共卫生事件的目的是:面对公共卫生风险时,既能防止或减少疾病的跨国传播,又不对国际贸易和交通造成不必要的干扰,使相关国家地区遭受经济损失。

2月6日,世界卫生组织发布《战略准备和应对方案》,再次表示对此次疫情的关注。《战略准备和应对方案》的总体目标是阻止新型冠状病毒在中国和其他国家进一步传播,并减轻疫情在所有国家的影响。该计划的战略目标包括:限制人传人、减少密切接触者和医护人员之间的二次感染、防止传播扩大事件,以及防止疫情在中国之外的进一步国际传播;早期识别、隔离和护理患者,包括为受感染患者提供最佳护理;识别和减少来自动物源的传播;解决有关临床严重程度、传播和感染程度、治疗方案等方面的关键未知因素,并加速诊断、治疗和疫苗的发展;向所有社区传达重大风险和事件信息,并打击虚假信息;通过多部门伙伴关系,尽量减少社会和经济影响。

问题:

(1) 什么是突发公共卫生事件?

(2) 我国的突发公共卫生事件分哪几种级别?

(3) 此次事件属于哪种级别?

第一节　突发公共卫生事件预防与应急处理准备

一、突发公共卫生事件的概念及特征

突发公共卫生事件是指突然发生,造成或者可能造成社会公众健康严重损害的重大传染病疫情、群体性不明原因疾病,重大食物和职业中毒以及其他严重影响公众健康的事件。

二、突发公共卫生事件的分级

突发公共事件按照其性质、严重程度、可控性和影响范围等因素,一般分为四级:Ⅰ级,特别重大;Ⅱ级,重大;Ⅲ级,较大;Ⅳ级,一般。

📖 拓展阅读 12-1　突发公共卫生事件分类

三、突发公共卫生事件应急方针和原则

根据《国家突发公共卫生事件应急预案》规定:突发事件应急工作,应当遵循预防为主、常备不懈的方针,贯彻统一领导、分级负责、反应及时、措施果断、依靠科学、加强合作的原则。

1. 预防为主、常备不懈

提高全社会对突发公共卫生事件的防范意识和防范能力、落实各项措施,做好人

员、技术、物资的相应储备工作,对突发公共卫生事件早发现、早报告、早处理。

2. 统一领导、分级负责

根据突发公共卫生事件的相关制度安排,对突发公共卫生事件实行分级管理,各级人民政府负责突发公共卫生事件应急处理的统一领导和指挥。各有关部门按照预案规定,做好突发公共卫生事件应急处理的有关工作。

3. 反应及时、措施果断

各级人民政府及其有关部门在突发事件发生后应及时作出反应,采取正确的、果断的措施处理所发生的事件,积极主动地作出反应,立即了解情况,组织调查,采取必要的控制措施。

4. 依靠科学、加强合作

突发公共卫生事件应急工作要充分尊重和依靠科学,要重视开展防范和处理突发公共卫生事件的科研和培训,为突发公共卫生事件应急处理提供科技保障。

四、突发公共卫生事件应急预案的制订

国家建立健全突发事件应急预案体系。

国务院卫生行政主管部门按照分类指导、快速反应的要求,制订全国突发事件应急预案,报请国务院批准。

省、自治区、直辖市人民政府根据全国突发事件应急预案,结合本地实际情况,制订本行政区域的突发事件应急预案。

五、突发公共卫生事件应急指挥机构

1. 全国突发公共卫生事件应急指挥部

卫生部依照职责和本预案的规定,在国务院统一领导下,负责组织、协调全国突发公共卫生事件应急处理工作,并根据突发公共卫生事件应急处理工作的实际需要,提出成立全国突发公共卫生事件应急指挥部。

2. 地方突发公共生事件应急指挥部

地方各级人民政府卫生行政部门依照职责和本预案的规定,在本级人民政府统一领导下,负责组织、协调本行政区域内突发公共卫生事件应急处理工作,并根据突发公共卫生事件应急处理工作的实际需要,向本级人民政府提出成立地方突发公共卫生事件应急指挥部的建议。

3. 专家咨询委员会

国务院卫生行政部门和省级卫生行政部门负责组建突发公共卫生事件专家咨询委员会。市(地)级和县级卫生行政部门可根据本行政区域内突发公共卫生事件应急工作需要,组建突发公共卫生事件应急处理专家咨询委员会。

4. 应急处理专业技术机构

医疗机构、疾病预防控制机构、卫生监督机构、出入境检验检疫机构是突发公共卫

生事件应急处理的专业技术机构。

六、突发公共卫生事件的预防控制体系

国家建立统一的突发事件预防控制体系。

县级以上地方人民政府应当建立和完善突发事件监测与预警系统。

县级以上各级人民政府卫生行政主管部门,应当指定机构负责开展突发事件的日常监测,并确保监测与预警系统的正常运行。

监测与预警工作应当根据突发事件的类别,制订监测计划,科学分析、综合评价监测数据。对早期发现的潜在隐患以及可能发生的突发事件,应当依照本条例规定的报告程序和时限及时报告。

七、突发公共卫生事件的应急储备

国务院有关部门和县级以上地方人民政府及其有关部门,应当根据突发事件应急预案的要求,保证应急设施、设备、救治药品和医疗器械等物资储备。

物资储备包括常态下的物资储备和应急状态下的物资储备两类。

> 拓展阅读 12-2 突发公共卫生事件应急物资储备

八、突发公共卫生事件的应急处理措施

1. 各级人民政府突发公共卫生事件应急处理措施

组织协调有关部门参与突发公共卫生事件的处理;按照有关规定做好信息发布工作;调集本行政区域内各类人员、物资、交通工具和相关设施、设备参加应急处理工作,划定控制区域;限制或者停止集市、集会、影剧院演出,以及其他人群聚集的活动;对流动人口采取预防工作,落实控制措施;实施交通卫生检疫;开展群防群治;维护社会稳定。

2. 卫生行政部门突发公共卫生事件应急处理措施

组织医疗机构、疾病预防控制机构和卫生监督机构开展突发公共卫生事件的调查与处理;组织突发公共卫生事件专家咨询委员会对突发公共卫生事件进行评估,提出是否启动突发公共卫生事件应急处理与应急处理级别;在全国范围内或者跨省、自治区、直辖市范围内启动全国突发事件应急预案;及时向社会发布突发公共卫生事件的信息或公告;县级以上地方人民政府卫生行政主管部门应当对突发事件现场等采取控制措施,宣传突发事件防治知识;组织力量制订技术标准和规范,及时组织全国培训;开展卫生知识宣教,提高公众健康意识和自我防护能力,消除公众心理障碍,开展心理危机干预工作。组织专家对突发公共卫生事件的处理情况进行综合评估。

3. 医疗机构突发公共卫生事件应急处理措施

开展患者接诊、收治和转运工作,按照现场救援、患者转运、后续治疗相结合的原则

进行处置；依法报告所在地的疾病预防控制机构所收治的传染病患者、疑似传染病患者；做好医院内现场控制、消毒隔离、个人防护、医疗垃圾和污水处理工作，防止院内交叉感染和污染；对群体性不明原因疾病和新发传染病做好病例分析与总结；协助疾控机构人员开展标本的采集、流行病学调查工作；开展科研与国际交流。

4. 疾病预防控制机构突发公共卫生事件应急处理措施

国家、省、市（地）、县级疾控机构做好突发公共卫生事件的信息收集、报告与分析工作；尽快制订流行病学调查计划和方案，地方专业技术人员按照计划和方案，开展对突发事件累及人群的发病情况、分布特点进行调查分析，提出并实施有针对性的预防控制措施；对传染病患者、疑似患者、病原携带者及其密切接触者进行追踪调查，查明传播链，并向相关地方疾病预防控制机构通报情况；对疑似患者、传染病患者密切接触者采取医学观察措施，传染病疑似患者、患者密切接触者应当予以配合；规范采集足量、足够的标本进行实验室检测，查找致病原因；开展国际合作，加快病源查寻和病因诊断；制订技术标准和规范；开展技术培训。

第二节　突发公共卫生事件报告和信息发布

一、突发公共卫生事件的报告

国家建立突发事件应急报告制度。根据《突发公共卫生事件应急条例》，任何单位和个人都有权向国务院卫生行政部门和地方各级人民政府及其有关部门报告突发公共卫生事件及其隐患，也有权向上级政府部门举报不履行或者不按照规定履行突发公共卫生事件应急处理职责的部门、单位及个人。

县级以上各级人民政府卫生行政部门指定的突发公共卫生事件监测机构、各级各类医疗卫生机构、卫生行政部门、县级以上地方人民政府和检验检疫机构、药品监督管理机构、环境保护监测机构、教育机构等有关单位为突发公共卫生事件的责任报告单位。执行职务的各级各类医疗卫生机构的医疗卫生人员、个体开业医生为突发公共卫生事件的责任报告人。

二、突发公共卫生事件的通报制度

国务院卫生行政主管部门应当根据发生突发事件的情况，及时向国务院有关部门和各省、自治区、直辖市人民政府卫生行政主管部门以及军队有关部门通报。

突发事件发生地的省、自治区、直辖市人民政府卫生行政主管部门，应当及时向毗邻省、自治区、直辖市人民政府卫生行政主管部门通报。

接到通报的省、自治区、直辖市人民政府卫生行政主管部门，必要时应当及时通知本行政区域内的医疗卫生机构。

县级以上地方人民政府有关部门,已经发生或者发现可能引起突发事件的情形时,应当及时向同级人民政府卫生行政主管部门通报。

任何单位和个人对突发事件,不得隐瞒、缓报、谎报或者授意他人隐瞒、缓报、谎报。

接到报告的地方人民政府、卫生行政主管部门依照本条例规定报告的同时,应当立即组织力量对报告事项调查核实、确证,采取必要的控制措施,并及时报告调查情况。

三、突发公共卫生事件的举报制度

国家建立突发事件举报制度,公布统一的突发事件报告、举报电话。

任何单位和个人有权向人民政府及其有关部门报告突发事件隐患,有权向上级人民政府及其有关部门举报地方人民政府及其有关部门不履行突发事件应急处理职责,或者不按照规定履行职责的情况。

四、突发公共卫生事件的信息发布制度

国家建立突发事件的信息发布制度。

国务院卫生行政主管部门负责向社会发布突发事件的信息。必要时,可以授权省、自治区、直辖市人民政府卫生行政主管部门向社会发布本行政区域内突发事件的信息。

信息发布应当及时、准确、全面。

📖 在线案例 12-1　这位医生是否违反了《传染病防治法》的规定

第三节　违反突发公共卫生事件法律制度的法律责任

一、各级政府责任

县级以上地方人民政府及其卫生行政主管部门未依照《突发公共卫生事件应急条例》的规定履行报告职责,对突发事件隐瞒、缓报、谎报或者授意他人隐瞒、缓报、谎报的,对政府主要领导人及其卫生行政主管部门主要负责人,依法给予降级或者撤职的行政处分;造成传染病传播、流行或者对社会公众健康造成其他严重危害后果的,依法给予开除的行政处分;构成犯罪的,依法追究刑事责任。

国务院有关部门、县级以上地方人民政府及其有关部门未依照本条例的规定,完成突发事件应急处理所需要的设施、设备、药品和医疗器械等物资的生产、供应、运输和储备的,对政府主要领导人和政府部门主要负责人依法给予降级或者撤职的行政处分;造成传染病传播、流行或者对社会公众健康造成其他严重危害后果的,依法给予开除的行政处分;构成犯罪的,依法追究刑事责任。

突发事件发生后,县级以上地方人民政府及其有关部门对上级人民政府有关部门

的调查不予配合,或者采取其他方式阻碍、干涉调查的,对政府主要领导人和政府部门主要负责人依法给予降级或者撤职的行政处分;构成犯罪的,依法追究刑事责任。

县级以上各级人民政府卫生行政主管部门和其他有关部门在突发事件调查、控制、医疗救治工作中玩忽职守、失职、渎职的,由本级人民政府或者上级人民政府有关部门责令改正、通报批评、给予警告;对主要负责人、负有责任的主管人员和其他责任人员依法给予降级、撤职的行政处分;造成传染病传播、流行或者对社会公众健康造成其他严重危害后果的,依法给予开除的行政处分;构成犯罪的,依法追究刑事责任。

县级以上各级人民政府有关部门拒不履行应急处理职责的,由同级人民政府或者上级人民政府有关部门责令改正、通报批评、给予警告;对主要负责人、负有责任的主管人员和其他责任人员依法给予降级、撤职的行政处分;造成传染病传播、流行或者对社会公众健康造成其他严重危害后果的,依法给予开除的行政处分;构成犯罪的,依法追究刑事责任。

二、医疗机构责任

医疗卫生机构有下列行为之一的,由卫生行政主管部门责令改正、通报批评、给予警告;情节严重的,吊销《医疗机构执业许可证》;对主要负责人、负有责任的主管人员和其他直接责任人员依法给予降级或者撤职的纪律处分;造成传染病传播、流行或者对社会公众健康造成其他严重危害后果,构成犯罪的,依法追究刑事责任。

(1)未依照本条例的规定履行报告职责,隐瞒、缓报或者谎报的。

(2)未依照本条例的规定及时采取控制措施的。

(3)未依照本条例的规定履行突发事件监测职责的。

(4)拒绝接诊患者的。

(5)拒不服从突发事件应急处理指挥部调度的。

三、有关单位和个人责任

在突发事件应急处理工作中,有关单位和个人未依照本条例的规定履行报告职责,隐瞒、缓报或者谎报,阻碍突发事件应急处理工作人员执行职务,拒绝国务院卫生行政主管部门或者其他有关部门指定的专业技术机构进入突发事件现场,或者不配合调查、采样、技术分析和检验的,对有关责任人员依法给予行政处分或者纪律处分;触犯《中华人民共和国治安管理处罚法》,构成违反治安管理行为的,由公安机关依法予以处罚;构成犯罪的,依法追究刑事责任。

四、扰乱社会秩序、市场秩序责任

拓展阅读12-3　关于妨害预防、控制突发传染病疫情等灾害的相关法律法规

拓展阅读12-4　突发公共卫生事件应急条例

　　在突发事件发生期间,散布谣言、哄抬物价、欺骗消费者,扰乱社会秩序、市场秩序的,由公安机关或者工商行政管理部门依法给予行政处罚;构成犯罪的,依法追究刑事责任。

（王　珺）

　　▣ PPT 课件　　　▣ 复习与自测　　　▱ 更多内容……

第十三章 医院感染管理法律制度

章前引言

医院感染管理法律制度是以医院感染管理为中心,为各级卫生行政部门、医疗机构及医务人员在诊疗活动中存在的医院感染、医源性感染及相关的危险因素进行预防、诊断和控制工作中提供法律依据和保障。作为护理专业学生,掌握医院感染相关管理法律制度,能有效地提高消毒隔离意识,预防和控制医院感染的发生。

学习目标

(1)培养良好的消毒隔离意识,提高医务人员对医院感染及其危害性认识。

(2)知道医院感染的促发因素,能有效地预防和控制医院感染的发生。

(3)能进行医疗器械分类管理以及一次性使用医疗卫生用品管理,保证医疗器械的安全有效,保障人体健康和生命安全。

(4)知道医院感染暴发的定义及上报时限,能正确处理医院感染暴发事件应急处置工作,预防医院感染暴发事件的发生。

思维导图

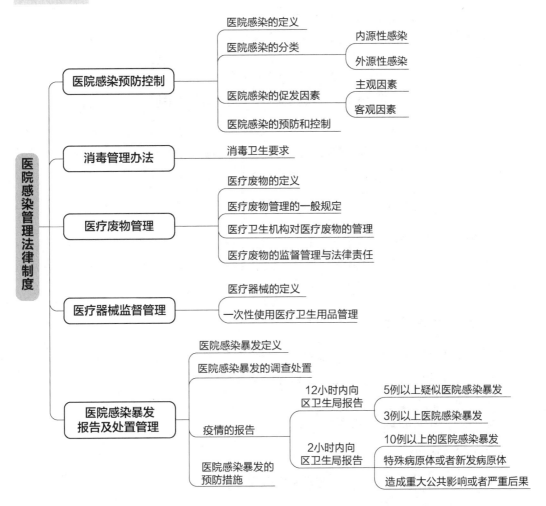

案例导入

　　2017 年 1 月 26 日,浙江省一所三甲医院的一位检验科主管技术人员在对患者进行"封闭抗体治疗"服务项目中,对患者淋巴细胞的收集、提纯时,多次使用同一根吸管交叉吸取、搅拌、提取同批次多名患者的淋巴细胞,并交于护理部医护人员实施皮下注射。在该批次患者中有一名治疗者之前因个人原因在医院外感染了人类免疫缺陷病毒(艾滋病病毒),医院技术人员操作中重复使用该名患者使用的吸管,造成该批次皮下注射 34 名妇女中 5 人感染艾滋病病毒(其中两人已怀孕),造成重大医疗事故。涉事的检验科主管技术人员自知问题严重,主动向医院领导进行汇报。公诉机关指控罪名成立,法院判处其有期徒刑 2 年 6 个月。

问题：
　　（1）该名技术人员违反什么操作规程？
　　（2）医疗事故罪的构罪条件是什么？

第一节　医院感染预防控制

医院是患者密集的场所，医院环境最容易被病原微生物污染，从而为疾病的传播提供外部条件，促进医院感染的发生。医院感染无论对社会及个人均带来严重危害。

一、医院感染的定义

医院感染是指患者在医院内获得并产生临床症状的感染。由于感染有一定的潜伏期，因此医院感染也包括在医院内感染而在出院后才发病的患者，但不包括入院前已开始或者入院时已处于潜伏期的感染。医院工作人员在医院内获得的感染也属医院感染。

二、医院感染的分类

根据感染来源不同，医院感染分为内源性感染和外源性感染。

　拓展阅读 13-1　医院感染的分类

三、医院感染的促发因素

医院感染的促发因素包括主观因素和客观因素。

　拓展阅读 13-2　医院感染的促发因素

四、医院感染的预防和控制

（1）改进医院建筑与布局：医院建筑布局合理与否对医院感染的预防至关重要。

（2）严格执行规章制度：制度是人们长期工作实践中的经验总结和处理、检查各项工作的依据，包括消毒隔离制度、无菌技术操作规程及探视制度等。无菌操作规程是医护人员必须遵守的医疗法规，贯穿在各项诊疗护理过程中。

（3）做好消毒与灭菌处理：消毒与灭菌是控制医院感染的一项有效措施。

（4）加强清洁卫生工作：清洁卫生工作包括灰尘、污垢的擦拭和清除，也包括对蚊虫、苍蝇、蟑螂、鼠类等的清除。

（5）采取合理的诊断治疗方法：对易于将微生物引入体内的诊断治疗要切实做好消毒、灭菌工作，严格无菌技术操作。

（6）及时控制感染的流行：主要包括寻找传染源与传播途径，采取相应的隔离与消毒措施。

（7）开展医院感染的监测工作：通过监测取得第一手资料，分析医院感染的原因，发现薄弱环节，为采取有效措施提供依据，并通过监测来评价各种措施的效果。

（8）改善工作人员的卫生与健康条件：医院工作人员均应定期进行健康检查，做好个人防护。个人防护主要是指穿戴个人防护装备（衣、帽、鞋、手套、口罩）以及洗手消毒。只有提高预防医院感染的认识，认真开展医院感染的管理与监控工作，做到管理规范化、操作标准化、检查安全化、监测常规化才能减少医院感染的发生。

拓展阅读13-3　常见的医院感染

第二节　消毒管理办法

加强消毒管理，预防和控制感染性疾病的传播，保障人体健康，根据《传染病防治法》及其实施办法的有关规定制订消毒的卫生要求。

（1）医疗卫生机构应当建立消毒管理组织，制订消毒管理制度，执行国家有关规范、标准和规定，定期开展消毒与灭菌效果检测工作。

（2）医疗卫生机构工作人员应当接受消毒技术培训、掌握消毒知识，并按规定严格执行消毒隔离制度。

（3）医疗卫生机构使用的进入人体组织或无菌器官的医疗用品必须达到灭菌要求。各种注射、穿刺、采血器具应当一人一用一灭菌。凡接触皮肤、黏膜的器械和用品必须达到消毒要求。医疗卫生机构使用的一次性使用医疗用品使用后应当及时进行无害化处理。

（4）医疗卫生机构购进消毒产品必须建立并执行进货检查验收制度。

（5）医疗卫生机构的环境、物品应当符合国家有关规范、标准和规定。排放废弃的污水、污物应当按照国家有关规定进行无害化处理。运送传染病患者及其污染物品的车辆、工具必须随时进行消毒处理。

（6）医疗卫生机构发生感染性疾病暴发、流行时，应当及时报告当地卫生计生行政部门，并采取有效的消毒措施。

第三节　医疗废物管理

为加强医疗废物的安全管理，防止疾病传播，保护环境，保障人体健康，根据《传染病防治法》和《中华人民共和国固体废物污染环境防治法》（简称《固体废物污染环境防治法》），制定《医疗废物管理条例》。

一、医疗废物的定义

医疗废物是指医疗卫生机构在医疗、预防、保健以及其他相关活动中产生的具有直接或者间接感染性、毒性以及其他危害性的废物。医疗卫生机构收治的传染病患者或者疑似传染病患者产生的生活垃圾，按照医疗废物进行管理和处置。

二、医疗废物一般管理制度

（1）建立、健全医疗废物管理责任制。
（2）制订医疗废物安全处置有关应急方案。
（3）对本单位从事医疗废物工作的人员，进行相关培训。
（4）采取有效的职业卫生防护措施。
（5）对危险废物转移执行联单管理制度。
（6）对医疗废物进行登记，登记资料至少保存3年。
（7）采取有效措施，防止医疗废物流失、泄漏、扩散。
（8）禁止任何单位和个人转让、买卖医疗废物。
（9）禁止邮寄医疗废物。

拓展阅读13-4　医疗废物的具体管理制度
拓展阅读13-5　医疗废物的分类收集要求

三、医疗卫生机构对医疗废物的管理

医疗卫生机构对本单位产生的医疗废物应按要求合理暂存，集中处置。

拓展阅读13-6　医疗卫生机构对医疗废物的管理

四、医疗废物的监督管理与法律责任

卫生行政主管部门、环境保护行政主管部门对医疗卫生机构和医疗废物集中处置单位有监督管理责任。

拓展阅读13-7　医疗废物的监督管理与法律责任

第四节　医疗器械监督管理

为保证医疗器械的安全、有效，保障人体健康和生命安全，《医疗器械监督管理条例》于2000年1月4日起施行，并于2014年和2020年两次修订。

一、医疗器械的定义

医疗器械是指直接或者间接用于人体的仪器、设备、器具、体外诊断试剂及校准物、材料以及其他类似或者相关的物品,包括所需要的计算机软件。

二、一次性使用医疗卫生用品管理

(1) 医院所用的一次性医疗卫生用品必须统一采购,临床科室不得自行购入和试用。一次性使用的无菌医疗用品只能使用一次。

(2) 医院感染管理科应认真履行对一次性使用无菌医疗用品的采购管理、临床应用和回收处理的监督检查职责。

(3) 制订医院采购部门对一次性使用医疗卫生用品的管理要求。

(4) 临床使用一次性无菌医疗用品前应认真检查包装标识是否符合标准、包装有无破损,已过有效期和不洁的产品等不得使用;使用时若发生热源反应、感染或其他异常情况时应立即停止使用,必须及时留取标本送检,按规定登记发生时间、种类、临床表现、处理结果;所涉及的一次性使用医疗卫生用品的生产单位、产品名称、生产日期、批号及供货单位、供货日期等,及时报告医院感染管理科、药剂科以及该产品采购部门。

(5) 医院发现不合格产品或质量可疑产品时,应立即停止使用,并及时报告药品监督管理部门,不得自行作退、换货处理。

(6) 一次性无菌医疗用品使用后,按国务院《医疗废物管理条例》规定处置,严禁重复使用和回流市场。

(7) 对骨科内固定器材、心脏起搏器、血管内导管、支架等植入性或介入性的医疗器械,必须建立详细的使用记录。记录必要的产品跟踪信息,使产品具有可追溯性。器材条形码应贴在病历上。

> 拓展阅读 13-8　医疗采购部门对一次性使用医疗卫生用品的管理要求

第五节　医院感染暴发报告及处置

为预防、控制医院感染暴发事件,指导和规范医院感染暴发事件的卫生应急处置工作,保护患者和医务人员身体健康,根据《传染病防治法》,以及卫生部颁布的《消毒管理办法》《医院感染管理办法》《医院感染暴发报告及处置管理规范》等法律法规的规定,制定《突发公共卫生事件应急条例》。

一、医院感染暴发的定义

医院感染暴发是指在医疗机构或其科室的患者中,短时间内发生 3 例或以上同种同源感染病例的现象。

二、医院感染暴发的调查处置

对医院感染暴发疫情坚持"边抢救、边调查、边处理、边核实"的原则,以最有效的措施控制事态的发展。

具体做好以下工作:①积极开展对医院感染患者和疑似患者的诊治工作;②查找感染源;③调查传播方式;④控制感染源;⑤切断感染途径;⑥保护易感人群;⑦发生特殊病原体实施相应的消毒隔离措施;⑧根据医院感染暴发的调查和控制情况,实时调整相应控制措施;⑨汇总分析调查资料,写出调查报告;⑩对未发生医院感染暴发的病区采取预防措施,防止疫情蔓延。

> 📖 拓展阅读 13-9　医院感染暴发调查处置实施步骤
> 　拓展阅读 13-10　医院感染暴发处置流程

三、疫情的报告

(1) 经医院感染管理科调查证实发生以下情形时,报告医院感染管理委员会,并于12 小时内向区卫生局报告,同时向区疾病预防控制中心报告:①5 例以上疑似医院感染暴发;②3 例以上医院感染暴发。

(2) 医院发生以下情形时,应当按照《国家突发公共卫生事件相关信息报告管理工作规范(试行)》的要求,报告医院感染管理委员会,并在 2 小时内向区卫生局报告,并同时向区疾病预防控制中心报告:①10 例以上的医院感染暴发;②发生特殊病原体或者新发病原体的医院感染;③可能造成重大公共影响或者严重后果的医院感染。

四、医院感染暴发的预防措施

(1) 开展医院感染的监测:及早发现医院感染流行暴发的趋势,及时采取控制措施。

(2) 加强临床抗菌药物应用的管理,尤其是某些特殊抗菌药物的应用。

(3) 加强医院消毒灭菌效果的监督监测。

(4) 加强标准预防、职业防护与职业暴露预防和医务人员手卫生宣传教育。

(5) 加强医源性传播因素的监测和管理,如消毒及无菌操作、一次性无菌医疗用品的管理等。

(6) 严格探视制度和陪护制度。

(7) 加强重点部门、重点环节、高危人群与主要感染部位的医院感染管理。

(8) 及时汇总和反馈临床上分离的病原体及其对抗菌药物的敏感性。

(9) 做好卫生应急物资储备,包括医疗救护的药品及器械、消毒药械、个人防护用品等,以保障卫生应急工作进行。

(王艳梅　程笑嵘)

> 📺 PPT 课件　　📖 复习与自测　　💻 更多内容……

第十四章　疫苗流通和预防接种法律制度

章前引言

近年来,"疫苗事件"频发备受社会的关注。2019 年 6 月 29 日,十三届全国人民代表大会常务委员会第十一次会议表决通过了《中华人民共和国疫苗管理法》,为各级政府在实施国家免疫规划工作中的领导和保障等方面用法律予以明确,同时立法规范了疫苗的流通和管理,接种疫苗的异常反应必须有法可依。预防接种的实施需要建立政府主导、多部门合作、全社会参与的法定工作机制。

学习目标

(1) 能知道从事疫苗经营活动的条件。

(2) 能理解和应用疫苗流通和接种的管理和疫苗接种的管理要求。

(3) 能熟悉预防接种异常反应的含义和预防接种异常反应的处理。

(4) 了解疫苗的含义和分类。

思维导图

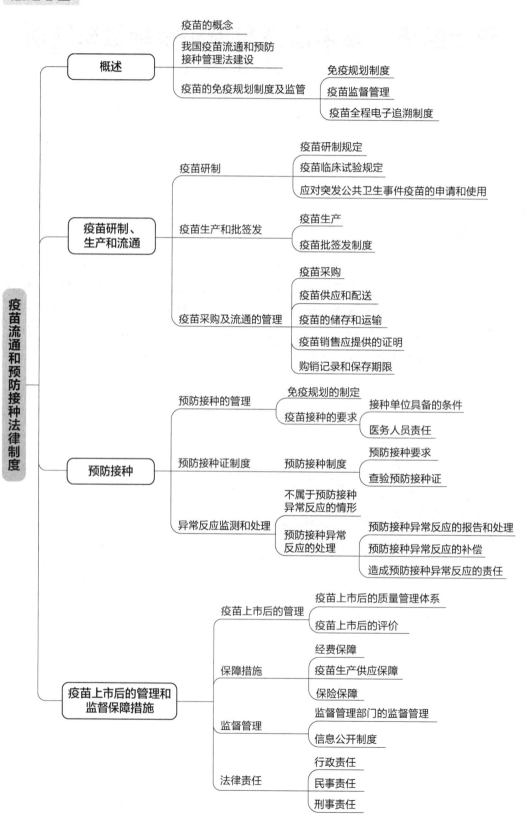

案例导入

　　2016 年,人民网报道的一则《数亿元疫苗未冷藏流入 18 省份》的新闻迅速引起关注。比标题更加惊人的是新闻的内容:2010 年以来,山东庞某卫与其医科学校毕业的女儿孙某,从上线疫苗批发企业人员及其他非法经营者处非法购进 25 种儿童、成人用二类疫苗,未经严格冷链存储运输销往全国 18 个省份,涉案金额达 5.7 亿元。济南市食品药品监督管理局已向全国 20 个地级市发出协查函,核实疫苗流向和使用单位。该起特大非法经营人用疫苗案,因涉及地方众多、社会危害性极大,被公安部、国家食品药品监督管理局总局列为督办案件,且入选 2015 年度公安部打击食品药品犯罪十大典型案例。

　　问题:
　　(1) 什么是疫苗?
　　(2)"问题疫苗"存在什么问题? 有何影响?
　　(3) 此类非法经营疫苗行为应负什么样的法律责任?

第一节　疫苗流通和预防接种法律制度概述

一、疫苗的概念和分类

　　疫苗是指为了预防、控制传染病的发生和流行,用于人体预防接种的疫苗类预防性生物制品,是利用病原微生物及其代谢产物,经过人工减毒或灭活等方法制成的自动免疫制剂。

　　疫苗接种是预防、控制甚至消灭传染病最为有效的手段。疫苗分为两类:一是免疫规划疫苗,是指政府免费向公民提供,公民应当依照政府规定受种的疫苗,包括乙肝疫苗、卡介苗、麻疹疫苗、脊髓灰质炎疫苗、百白破联合疫苗等;第二类疫苗指非免疫规划疫苗,是指由公民自费并且自愿受种的其他疫苗。

　　疫苗流通是指疫苗的经营、储存、运输、供应、采购、分发和使用的全过程。为了确保疫苗质量和疫苗接种的安全,必须对疫苗研制、生产、流通、预防接种及其监督管理和预防接种的过程进行严格管理和规范。

　　为了保障人民健康,预防和控制传染病的流行,中华人民共和国成立后,国务院、卫生部下发了有关传染病预防控制和预防接种管理的规范性文件 20 多件;2019 年 6 月 29 日,十三届全国人民代表大会常务委员会第十一次会议表决通过了《中华人民共和国疫苗管理法》(简称《疫苗管理法》),于 2019 年 12 月 1 日开始施行。

二、疫苗的免疫规划制度及监管

1. 免疫规划制度

居住在中国境内的居民,依法享有接种免疫规划疫苗的权利,履行接种免疫规划疫苗的义务。政府免费向居民提供免疫规划疫苗。县级以上人民政府及其有关部门应当保障适龄儿童接种免疫规划疫苗。监护人应当依法保证适龄儿童按时接种免疫规划疫苗。县级以上人民政府应当将疫苗安全工作和预防接种工作纳入本级国民经济和社会发展规划,加强疫苗监督管理能力建设,建立健全疫苗监督管理工作机制。

2. 疫苗监督管理

县级以上地方人民政府对本行政区域疫苗监督管理工作负责,统一领导、组织、协调本行政区域疫苗监督管理工作。国务院药品监督管理部门负责全国疫苗监督管理工作。国务院卫生健康主管部门负责全国预防接种监督管理工作。国务院其他有关部门在各自职责范围内负责与疫苗有关的监督管理工作。省、自治区、直辖市人民政府药品监督管理部门负责本行政区域疫苗监督管理工作。设区的市级、县级人民政府承担药品监督管理职责的部门负责本行政区域疫苗监督管理工作。

3. 疫苗全程电子追溯制度

国家实行疫苗全程电子追溯制度。国务院药品监督管理部门会同国务院卫生健康主管部门制定统一的疫苗追溯标准和规范,建立全国疫苗电子追溯协同平台,整合疫苗生产、流通和预防接种全过程追溯信息,实现疫苗可追溯。

疫苗上市许可持有人应当建立疫苗电子追溯系统,与全国疫苗电子追溯协同平台相衔接,实现疫苗生产、流通和预防接种全过程最小包装单位可追溯、可核查。疾病预防控制机构、接种单位应当依法如实记录疫苗流通、预防接种等情况,并按照规定向全国疫苗电子追溯协同平台提供追溯信息。

> 拓展阅读 14 - 1　我国疫苗流通和预防接种管理相关法制建设

第二节　疫苗研制、生产和流通

一、疫苗研制

1. 疫苗研制规定

国家根据疾病流行情况、人群免疫状况等因素,制订相关研制规划,安排必要资金,支持多联多价等新型疫苗的研制。国家组织疫苗上市许可持有人、科研单位、医疗卫生机构联合攻关,研制疾病预防、控制急需的疫苗。

开展疫苗临床试验应当经国务院药品监督管理部门依法批准。疫苗临床试验应当由符合国务院药品监督管理部门和国务院卫生健康主管部门规定条件的三级医疗机构或者省级以上疾病预防控制机构实施或者组织实施。

2. 应对突发公共卫生事件疫苗的申请和使用

出现重大突发公共卫生事件,急需的疫苗或者国务院卫生健康主管部门认定急需的其他疫苗,经评估获益大于风险的,国务院药品监督管理部门可以附条件批准疫苗注册申请。出现特别重大突发公共卫生事件或者其他严重威胁公众健康的紧急事件,国务院卫生健康主管部门根据传染病预防、控制需要提出紧急使用疫苗的建议,经国务院药品监督管理部门组织论证同意后可以在一定范围和期限内紧急使用。

二、疫苗生产和批签发

1. 疫苗生产

国家对疫苗生产实行严格准入制度。从事疫苗生产活动,应当经省级以上人民政府药品监督管理部门批准,取得《药品生产许可证》。从事疫苗生产活动,除符合《药品管理法》规定的从事药品生产活动的条件外,还应当具备下列条件:①具备适度规模和足够的产能储备;②具有保证生物安全的制度和设施、设备;③符合疾病预防、控制需要。疫苗上市许可持有人应当具备疫苗生产能力;超出疫苗生产能力确需委托生产的,应当经国务院药品监督管理部门批准。接受委托生产的,应当遵守本法规定和国家有关规定,保证疫苗质量。

2. 疫苗批签发制度

国家实行疫苗批签发制度,每批疫苗销售前或者进口时,应当经国务院药品监督管理部门指定的批签发机构按照相关技术要求进行审核、检验。符合要求的,发给批签发证明;不符合要求的,发给不予批签发通知书。预防、控制传染病疫情或者应对突发事件急需的疫苗,经国务院药品监督管理部门批准,免予批签发。批签发机构在批签发过程中发现疫苗存在重大质量风险的,应当及时向国务院药品监督管理部门和省、自治区、直辖市人民政府药品监督管理部门报告。

> 未经冷链存储运输,任何一种疫苗的核心关键,就是它的"抗原"部分。为了保证抗原的生物学活性,大部分的疫苗都应该被贮存在 $2\sim8℃$ 的恒温环境里面。不论是高温还是冷冻,甚至长时间的光照,都有可能影响疫苗的效力,甚至导致疫苗失活、无效。

📖 拓展阅读14-2　疫苗上市后的管理和监督保障措施
　拓展阅读14-3　疫苗采购及流通的管理

第三节　疫苗预防接种

一、预防接种的管理

1. 免疫规划的制订

国务院卫生健康主管部门制订国家免疫规划；国家免疫规划疫苗种类由国务院卫生健康主管部门会同国务院财政部门拟订，报国务院批准后公布。

各级疾病预防控制机构应当按照各自职责，开展与预防接种相关的宣传、培训、技术指导、监测、评价、流行病学调查、应急处置等工作。

2. 疫苗接种的要求

国家实行免疫规划制度。居住在中国境内的居民，依法享有接种免疫规划疫苗的权利，履行接种免疫规划疫苗的义务。政府免费向居民提供免疫规划疫苗。县级以上人民政府及其有关部门应当保障适龄儿童接种免疫规划疫苗。监护人应当依法保证适龄儿童按时接种免疫规划疫苗。

二、预防接种证制度

国家对儿童实行预防接种证制度。预防接种证的格式由国务院卫生健康主管部门规定。预防接种制度如下：

1. 预防接种要求

在儿童出生后 1 个月内，其监护人应当到儿童居住地承担预防接种工作的接种单位或者出生医院为其办理预防接种证。接种单位或者出生医院不得拒绝办理。监护人应当妥善保管预防接种证。预防接种实行居住地管理，儿童离开原居住地期间，由现居住地承担预防接种工作的接种单位负责对其实施接种。

2. 查验预防接种证

儿童入托、入学时，托幼机构、学校应当查验预防接种证，发现未按照规定接种免疫规划疫苗的，应当向儿童居住地或者托幼机构、学校所在地承担预防接种工作的接种单位报告，并配合接种单位督促其监护人按照规定补种。疾病预防控制机构应当为托幼机构、学校查验预防接种证等提供技术指导。

接种单位接种非免疫规划疫苗，除收取疫苗费用外，还可以收取接种服务费。接种服务费的收费标准由省、自治区、直辖市人民政府价格主管部门会同财政部门制订。

三、异常反应监测和处理

预防接种异常反应是指合格的疫苗在实施规范接种过程中或者实施规范接种后造

成受种者机体组织器官、功能损害,相关各方均无过错的药品不良反应。预防接种异常反应的处理方法如下:

1. 预防接种异常反应的报告和处理

对疑似预防接种异常反应,疾病预防控制机构应当按照规定及时报告,组织调查、诊断,并将调查、诊断结论告知受种者或者其监护人。对调查、诊断结论有争议的,可以根据国务院卫生健康主管部门制订的鉴定办法申请鉴定。

因预防接种导致受种者死亡、严重残疾,或者群体性疑似预防接种异常反应等对社会有重大影响的疑似预防接种异常反应,由设区的市级以上人民政府卫生健康主管部门、药品监督管理部门按照各自职责组织调查、处理。

2. 预防接种异常反应的补偿

国家实行预防接种异常反应补偿制度。实施接种过程中或者实施接种后出现受种者死亡、严重残疾、器官组织损伤等损害,属于预防接种异常反应或者不能排除的,应当给予补偿。补偿范围实行目录管理,并根据实际情况进行动态调整。接种免疫规划疫苗所需的补偿费用,由省、自治区、直辖市人民政府财政部门在预防接种经费中安排;预防接种异常反应补偿范围、标准、程序由国务院规定,省、自治区、直辖市制定具体实施办法。

3. 造成预防接种异常反应的责任

因疫苗质量不合格给受种者造成损害的,依照《药品管理法》的有关规定处理;因接种单位违反预防接种工作规范、免疫程序、疫苗使用指导原则、接种方案给受种者造成损害的,依照《医疗事故处理条例》的有关规定处理。

卫生主管部门、药品监督管理部门发现疫苗质量问题和预防接种异常反应以及其他情况时,应当及时互相通报,实现信息共享。国家建立疫苗全程追溯制度。国务院药品监督管理部门会同国务院卫生主管部门制定统一的疫苗追溯体系技术规范。

> 拓展阅读14-4 预防接种的一般反应
> 拓展阅读14-5 不属于预防接种异常反应的情形

四、法律责任

1. 行政责任

县级以上地方人民政府、疾病预防控制机构、接种单位和药品监督管理部门、卫生健康主管部门违反疫苗相关法律法规的,承担行政责任。

> 拓展阅读14-6 违反疫苗相关法律法规的行政责任

2. 民事责任

违反《疫苗管理法》规定,造成损害的,依法承担民事责任。

3. 刑事责任

违反《疫苗管理法》规定,构成犯罪的,依法追究刑事责任。

拓展阅读 14-7　美国对疫苗的管理与监督

（王婷婷）

PPT 课件　　复习与自测　　更多内容……

第十五章 中医药管理法律制度

章前引言

　　中医药作为我国独特的卫生资源、潜力巨大的经济资源、具有原创优势的科技资源、优秀的文化资源和重要的生态资源，在经济社会发展中发挥着重要作用，需要继承、发展、利用好中医药，充分发挥中医药在深化医药卫生体制改革中的作用，造福人类健康。

　　中医药是包括汉族和少数民族医药在内的我国各民族医药的统称，是反映中华民族对生命、健康和疾病的认识，具有悠久历史传统和独特理论及技术方法的医药学体系，是我国各族人民在几千年生产生活实践和疾病做斗争中逐步形成并不断丰富发展的医学科学，是中华民族的瑰宝。

· 学习目标 ·

（1）知道国家中医药发展目标，准确把握国家中医药发展的基本原则。

（2）知道中医机构管理与人员管理的基本要点。

（3）知道中药的概念，能列举野生药材资源保护的名录及其主要保护措施。

（4）能简要介绍中药品种保护的保护措施。

（5）能列举我国四大民族医药，简要介绍其基础理论。

（6）能基于法律法规分析中医、中药管理过程中的问题。

思维导图

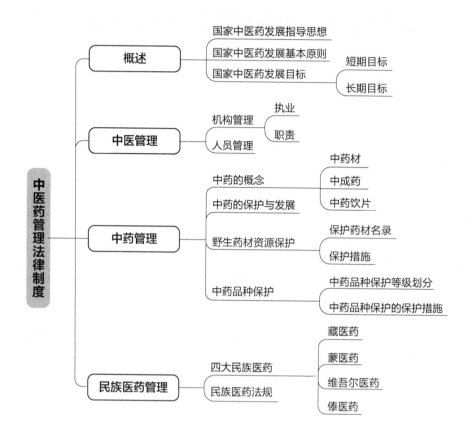

中医药管理法律制度

- **概述**
  - 国家中医药发展指导思想
  - 国家中医药发展基本原则
  - 国家中医药发展目标
    - 短期目标
    - 长期目标
- **中医管理**
  - 机构管理
    - 执业
    - 职责
  - 人员管理
- **中药管理**
  - 中药的概念
    - 中药材
    - 中成药
    - 中药饮片
  - 中药的保护与发展
  - 野生药材资源保护
    - 保护药材名录
    - 保护措施
  - 中药品种保护
    - 中药品种保护等级划分
    - 中药品种保护的保护措施
- **民族医药管理**
  - 四大民族医药
    - 藏医药
    - 蒙医药
    - 维吾尔医药
    - 傣医药
  - 民族医药法规

案例导入

张某是一个村的老中医，60多岁，家族世代为医，据说传到张某已有上十代了。由于家族传承，代代为医，多代的经验积累练就了张某高超的中医治疗水平。他熟读《黄帝内经》《伤寒杂病论》《金匮要略》和《神农本草经》等老医书并学以致用。因医术高明、收费低廉，张某获得了良好的口碑，但他一直未考取行医资格证。最终，公安机关因非法行医抓走了张某，依法行政拘留15日，并罚款1万元，并责令其近期关闭行医场所。

问题：

你如何看待对于张某的处罚？

第一节　中医药管理法律制度概述

一、国家中医药发展指导思想

牢固树立创新、协调、绿色、开放、共享发展理念,坚持中西医并重,坚持继承和创新相结合,以提高中医药发展水平为中心,促进中西医结合,保持和发挥中医药特色和优势,运用现代科学技术,促进中医药理论和实践的发展,发挥中医药在促进卫生、经济、科技、文化和生态文明发展中的作用。

二、国家中医药发展基本原则

(1)坚持以人为本,服务惠民。
(2)坚持继承创新,突出特色。
(3)坚持深化改革,激发活力。
(4)坚持统筹兼顾,协调发展。

三、国家中医药发展目标

1. 短期目标

自 2020 年,实现人人基本享有中医药服务,中医医疗、保健、科研、教育、产业、文化各领域得到全面协调发展,中医药标准化、信息化、产业化、现代化水平不断提高。

2. 长期目标

到 2030 年,中医药治理体系和治理能力现代化水平显著提升,中医药服务领域实现全覆盖,中医药健康服务能力显著增强,充分发挥中医药在治未病中的主导作用、在重大疾病治疗中的协同作用,以及在疾病康复中的核心作用。

📄 拓展阅读 15-1　认识中医

第二节　中 医 管 理

一、机构管理

1. 执业

中医医疗机构应当按照国家有关医疗机构管理的规定办理审批手续,并遵守医疗机构管理的有关规定。不准聘用未取得中医师、士资格或卫生技术职务资格的人员从事医疗技术工作。中医医疗机构张贴、刊登、播放广告,必须经当地中医药、卫生行政部门审批,不得做虚夸宣传。中医医疗机构的各项收费,必须按当地卫生物价部门批准的医疗收费标准执行,不得擅自提价。

2. 职责

(1)要以社会效益为最高准则,建立健全各项规章制度、技术操作规程和各类人员工作职责,使各项工作制度化、规范化。

(2)要保持和发扬中医特色,坚持运用中医药防治疾病,积极引进现代科学技术,不断提高医疗技术水平。

(3)要经常对职工进行职业道德教育,要不断改善服务条件,提高服务质量。

(4)要积极开展中医药和卫生保健科普知识的宣传工作。在发现法定传染病或疑似法定传染病时,采取有效防治措施,并按规定时间向当地卫生防疫部门报告。

(5)发生重大灾害、事故时,中医医疗机构必须服从中医药、卫生行政部门调遣,积极参加防病治病、抢救伤病员工作。

二、人员管理

从事中医医疗活动的人员应当按照《中华人民共和国执业医师法》的规定,通过中医医师资格考试取得中医医师资格,并进行执业注册。

以师承方式学习中医或者经多年实践,医术确有专长的人员,由至少两名中医医师推荐,经省、自治区、直辖市人民政府中医药主管部门组织实践技能和效果考核合格后,可取得中医医师资格,并依据考核内容进行执业注册。经执业注册后,可在规定范围内,以个人开业的方式或者在医疗机构内从事中医医疗活动。

在执业活动中,可采用现代科学技术方法,应有利于保持和发挥中医药特色和优势。中医药专业技术人员应当按照规定参加继续教育,所在机构应当为其接受继续教育创造条件。

拓展阅读 15-2 传统医学师承和确有专长人员

第三节 中 药 管 理

一、中药的概念

中药是指在中医药基础理论指导下用于防病治病的药物,包括中药材、中成药、中药饮片。

(1)中药材:植物、动物、矿物的药用部分采收后经产地初加工形成的原料药材。

(2)中成药:根据疗效确切、安全有效、应用广泛的处方、验方或秘方,以中药材为原料,采取合理工艺加工而成的质量稳定可控的药品。

(3) 中药饮片:按国家药品标准及中药炮制规范经过加工炮制后的,供中医临床配方用的全部药材,可直接调配煎汤服用,也可作为中成药生产原料。

二、中药的保护与发展

国家建立道地中药材评价体系,通过多种手段及措施保护道地中药材,建立中医药传统知识保护数据库、保护名录和保护制度。同时,保护药用野生动物资源,开展资源动态检测和定期普查,支持依法开展珍贵、濒危药用野生动植物的保护、繁育及其相关研究。医疗机构应当加强对备案的中药制剂品种的不良反应检测,并按照国家有关规定进行报告。国家鼓励发展中药材规范化种植养殖,严格管理农药、肥料等农业投入品的使用,禁止在中药材种植过程中使用剧毒、高毒农药,鼓励和支持中药新药的研制和生产。

▣ 拓展阅读 15-3　道地中药材

三、野生药材资源保护

1987 年 10 月 30 日由国务院发布了我国对药用野生动植物资源进行保护管理的行政法规《野生药材资源保护管理条例》,明确规定国家对野生药材资源实行保护和采猎相结合的原则,保护和合理利用野生药材资源,以适应人民医疗保健事业的需要。

1. 保护药材名录
(1) 一级保护野生药材:指濒临灭绝状态的稀有珍贵野生药材物种。
(2) 二级保护野生药材:指分布区域缩小,资源处于衰竭状态的中药野生药材。
(3) 三级保护野生药材:指资源严重减少的主要常用野生药材。

▣ 拓展阅读 15-4　保护药材名录

2. 保护措施
(1) 一级保护野生药材物种的管理:禁止采猎一级保护野生药材物种。若属于自然淘汰的,其药用部分由各级药材公司负责经营管理,但不得出口。
(2) 二、三级保护野生药材物种的管理:采猎、收购二、三级保护野生药材物种必须按照批准的计划执行。采猎者必须有采药证,需要进行采伐或狩猎的必须申请采伐证或狩猎证。不得在禁止采猎区、禁止采猎期采猎二、三级保护野生药材物种,并不能使用禁用工具进行采猎。二、三级保护野生药材物种属于国家计划管理的品种,由中国药材公司统一经营管理,其余品种由产地县药材公司或其委托单位按照计划收购。二、三级保护野生药材物种的药用部分,除国家另有规定外,实行限量出口。实行限量出口和出口许可证制度的品种,由国家医药管理部门会同国务院有关部门确定。

四、中药品种保护

1992 年 10 月 14 日国务院颁布了《中药品种保护条例》,并于 2018 年 9 月 18 日进行相关内容修正。

1. 中药品种保护等级划分

（1）可申请一级保护中药品种：对特定疾病有特殊疗效的；相当于国家一级保护野生药材物种的人工制成品；用于预防和治疗特殊疾病的。

（2）可申请二级保护中药品种：符合一级保护的品种或者已经解除一级保护的品种；对特定疾病有显著疗效的；从天然药物中提取的有效物质及特殊制剂。

2. 中药品种保护的保护措施

（1）保护期限：中药一级保护品种分别为三十年、二十年、十年；中药二级保护品种为七年。

（2）保密制度：中药一级保护品种的处方组成、工艺制法，在保护期限内由获得《中药保护品种证书》的生产企业和有关的药品监督管理部门及有关单位和个人负责保密，不得公开。负有保密责任的有关部门、企业和单位应当按照国家有关规定，建立必要的保密制度。

向国外转让中药一级保护品种的处方组成、工艺制法的，应当按照国家有关保密的规定办理。中药保护品种在保护期内向国外申请注册的，须经国务院药品监督管理部门审批。

第四节　民族医药管理

民族医药是传统医药的中药组成部分，在历史上为民族地区的繁荣和发展做出了重要的贡献，并留下了许多经典著作。

一、四大民族医药学

（1）藏族医药学：是民族优秀文化的瑰宝之一，以其独特的三因学说、人体七大物质和三种排泄物为基础理论。

（2）蒙医药学：以阴阳五行、五元学说理论为指导，贯穿人与自然的整体观。

（3）维吾尔医药学：成为独特的理论体系已有上千年的历史，主要是由气质学说、体液学说、器官学说组成。

（4）傣医药学：是傣族人民同疾病做斗争而总结出的传统医学，认为自然界存在风、土、水、火"四塔"，而人体同样由风（气）、水（血）、火、土"四塔"构成，四者平衡则身体健康，四者不平衡则生病。

📖 拓展阅读 15-5　四大民族医药学

二、民族医药法律规定

📖 在线案例 15-1　牡丹江非法出售虎骨案

　　目前还没有针对民族医药的法规,其管理参照《中医药条例》进行。2007 年 12 月 18 日国家 11 个部委局联合发布《关于切实加强民族医药事业发展的指导意见》,提出要切实加大投入,改善就医条件,要根据本地区的实际情况和当地群众对民族医药服务的需求,在有条件的综合性医院、乡镇卫生院、社区卫生服务中心设立民族医科。

　　在国务院《关于扶持和促进中医药事业发展的若干意见》中也指出,要推进民族医药服务能力建设,加强国家级民族医药临床研究基地和民族医药重点专科、重点学科建设,加强民族医药教育,建设民族医药研发基地,促进民族医药产业发展。

（徐晶心）

🔲 PPT 课件　　🔲 复习与自测　　🖵 更多内容……

第十六章　精神卫生管理法律制度

章前引言

　　《中华人民共和国精神卫生法》(简称《精神卫生法》)全文共7章,即总则、心理健康促进和精神障碍预防、精神障碍的诊断和治疗、精神障碍的康复、保障措施、法律责任、附则,计85条。

　　《精神卫生法》的颁布明确了医疗机构、医护人员等各责任主体的义务及职责,提出在护理管理中应充分尊重患者的隐私权、知情同意权、通讯、探访者等权利,保证患者的人身安全。该法律提出要加大精神卫生事业的投入,加强精神卫生服务队伍建设,更新工作理念,改善工作模式,促使精神卫生护理管理工作更加规范、精细、完善。

学习目标

　　(1) 认识精神障碍的定义,以及《精神卫生法》的立法宗旨和适用范围。

　　(2) 理解精神障碍的诊断与治疗。

　　(3) 能描述《精神卫生法》和《护理条例》中医务人员违法的处罚。

　　(4) 能应用约束带保护躁动患者的安全。

　　(5) 能判断暴力行为进行紧急处理。

　　(6) 能判断自杀行为发生的先兆,自杀行为发生后的紧急处理。

　　(7) 能应用海姆立克法急救。

　　(8) 培养良好的职业素养。

思维导图

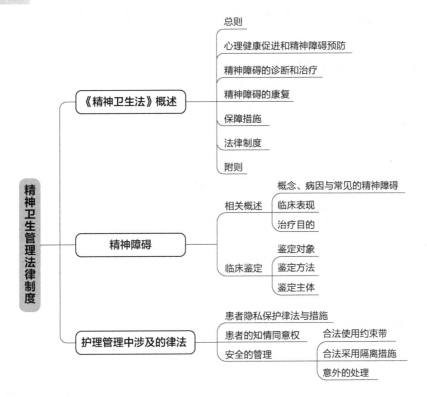

2010 年 3 月 9 日,李元(化名)的妻子吕秀芳(化名)到济南一精神病院称其丈夫有精神病,并为丈夫办理了住院手续,交纳了 3 000 元住院押金。第二天,精神病院 4 名工作人员乘出租车到李元家,欲将其带往医院治疗。由于李拒不前往,并极力反抗,精神病院工作人员采用约束带捆绑的方式将其从家中强行带出,欲将其塞入出租车带往医院。在此过程中,李元极力反抗,引来部分群众围观。后吕秀芳打电话报警,公安民警到达现场后,精神病院工作人员解开了捆绑李元的约束带。此后,李元将这家精神病院及其妻子告上法院,认为精神病院在没有任何证据、也没采取任何医疗诊断的情况下,采取暴力手段将自己送往精神病院治疗的行为,给自己心理上、精神上造成巨大创伤,请求法院判精神病院赔偿精神损失费 5 万元。

问题:

(1) 医疗机构是否违反了《精神卫生法》?

(2) 如何防止"被精神病"的发生?

第一节　精神卫生管理法律制度概述

《精神卫生法》的立法历时 27 年,于第十一届全国人民代表大会常务委员会第二十九次会议通过,2013 年 5 月 1 日实施。

一、总则

第一章为总则,涵盖了立法宗旨、适用范围、指导方针和原则、维护患者权益、管理机制、各主管部门及自治组织的职责、遗弃罪、监护人的特殊职责等内容。

二、心理健康促进和精神障碍预防

第二章包括各级政府的预防职责,用人单位、学校、监狱等场所的预防义务,基层群众性自治组织的预防职责,监测网络与工作信息共享机制,医务人员的心理健康指导义务等。

> 拓展阅读 16 - 1　精神卫生三级预防

三、精神障碍的诊断和治疗

第三章是《精神卫生法》的核心章节,包含精神障碍的诊断和治疗、患者合法权益、相关人员的职业规范、精神障碍诊断人员资格条件等。

四、精神障碍的康复

第四章包含了各医疗机构、行政服务部门、用人单位、监护人等单位和个人的责任与义务,健康档案建立与随访,指导患者服药和开展康复训练,对监护人员进行知识培训,后期的康复活动,创造条件再就业等内容。

五、保障措施

第五章包含了建立符合我国国情的精神卫生工作机制,建立精神障碍患者社区康复机构,加强培养精神医学专门人才,开设精神卫生课程,开设精神科门诊或心理治疗门诊等内容。

六、法律责任

第六章明确了医疗机构和个人违反精神卫生法的若干情形;工商部门按照机构和个人分别逐条明确具体责任和处置标准;违反规定追究赔偿的若干情形;违反规定追究刑事处罚的情形;精神障碍患者或其监护人、近亲属依法起诉的权利。

七、附则

第七章为附则,对本法中所称的精神障碍、严重精神障碍、精神障碍患者的监护人等概念予以解释说明。军队的精神卫生工作由国务院和中央军事委员会依据本法制定管理办法。

🔲 拓展阅读16-2　心理咨询师的国家职业标准

第二节　精神障碍的鉴定

一、精神障碍的病因、临床表现和治疗

精神障碍指由各种原因引起的感知、情感和思维等精神活动的紊乱或者异常,导致患者明显的心理痛苦或者社会适应等功能损害。常见的精神障碍包括精神分裂症、狂想障碍、阿尔茨海默病(又称老年性痴呆)、行为意志障碍和产后精神障碍。

1. 病因

(1)生物因素:遗传因素是最重要的致病因素之一;其次是中枢神经感染与外伤。

(2)心理和社会因素:个体的病前性格、家庭环境及父母的养育方式、不良生活事件等均是精神障碍的可能发病因素。

2. 临床表现

精神障碍的临床表现包括感知觉障碍、注意障碍、记忆障碍、智能障碍、思维障碍、情感障碍及其他症状。

🔲 拓展阅读16-3　精神障碍的临床表现

3. 治疗目的

精神障碍的治疗目的是控制症状、降低复发率,最大限度改善患者的社会功能和提高生命质量。

二、精神障碍的临床鉴定

1. 鉴定对象

精神障碍的鉴定对象有四种类型:①个人自行到医疗机构进行精神障碍诊断;②疑似精神障碍患者的近亲属将其送往医疗机构进行精神障碍诊断;③查找不到近亲属的流浪乞讨疑似精神障碍患者,由当地民政等有关部门按照职责分工,帮助送往医疗机构进行精神障碍诊断;④疑似精神障碍患者发生伤害自身、危害他人安全的行为,或者有伤害自身、危害他人安全的危险的,其近亲属、所在单位、当地公安机关应当立即采取措施予以制止,并将其送往医疗机构进行精神障碍诊断。

2. 鉴定方法

医疗机构接到送诊的疑似精神障碍患者,应当将其留院,指派精神科执业医师进行诊断,及时出具诊断结论。

需要再次诊断和鉴定的患者应当自收到诊断结论之日起三日内向原医疗机构或者其他具有合法资质的医疗机构提出。再次诊断要求指派二名初次诊断医师以外的精神科执业医师进行再次诊断。

3. 鉴定主体

鉴定人应当到医疗机构面见、询问患者。按照精神障碍鉴定的实施程序、技术方法和操作规范,依法独立进行鉴定,出具客观、公正的鉴定报告。

📖 拓展阅读 16-4 精神障碍的诊断和治疗

第三节 护理管理中涉及的相关法律制度

一、患者隐私保护法律制度与措施

(一)隐私保护法律制度

(1)有关单位和个人应当对精神障碍患者的姓名、肖像、住址、工作单位、病历资料以及其他可能推断出其身份的信息予以保密。

(2)《护士条例》第18条规定:护士应当尊重、关心、爱护患者,保护患者的隐私。

(二)保护措施

1. 增强法治意识

患者的知情同意是护理管理的合法前提,护理人员有为患者病情、隐私进行保密的法定义务。

2. 护理管理中的隐私保护

(1)操作前,能够保障一对一的私密的诊疗护理空间。

(2)操作时,尊重患者,尽量减少或避免患者隐私部位的暴露。

(3)避免在公共区域谈论患者的病情、隐私。

(4)护理教学过程应以保护隐私为先,取得患者及家属同意,才可进行教学。

(5)加强病历资料的管理,统一放置在病历架中保管,不能任由他人翻阅。

(6)医院床头卡可能需在患者床头卡上去掉疾病诊断栏。

二、患者的知情同意权

患者或监护人对病情、诊断、医疗措施等具有知情选择的权利。

三、安全管理

医疗机构应当配备适宜的设施、设备,保护就诊和住院治疗的精神障碍患者的人身安全,防止其受到伤害,并为其创造尽可能接近正常生活的环境和条件。实施保护性医疗措施应当遵循诊断标准和治疗规范,并在实施后告知患者的监护人。禁止利用约束、隔离等保护性医疗措施惩罚精神障碍患者。

(一)合法使用约束带

1. 约束带的作用

约束带是用于保护躁动患者或精神科患者,约束失控的肢体或治疗时需要固定身体的某一部位,限制其身体及肢体活动的工具。

2. 约束带分类

(1)宽绷带约束:固定手腕和踝部。

(2)肩部约束带:固定肩部,限制患者坐起。

(3)膝部约束带:固定膝部,限制患者下肢活动。

(4)尼龙搭扣约束带:固定手腕、上臂、膝部、踝部。

3. 注意事项

(1)使用前向患者及家属解释目的、操作要点,以取得理解和配合。

(2)约束带要定时松解,每2小时放松一次,并协助患者翻身,保证患者安全、舒适。

(3)使用时患者肢体及关节处于功能位,约束带下应垫衬垫,固定时松紧适宜。

(4)经常观察约束部位的皮肤颜色、温度、活动及感觉,若发现肢体苍白、麻木时,应立即放松约束带。

(5)记录使用保护具的原因、时间、部位、每次观察结果、相应的护理措施及解除约束的时间。

(二)合法地采用隔离措施

(1)适应证:①避免对自身或他人的危害;②减少过多的感觉刺激。

(2)操作规范:①遵医嘱执行;②及时巡视,观察患者的一般情况、精神症状等,做好床旁交接班。

(三)意外的处理

1. 暴力行为

(1)定义:广义的暴力行为是指精神障碍患者在各种心理、社会因素或精神病状的影响下,突发的自伤、伤人、毁物等冲动行为,是精神科最为常见的危急事件。

(2)暴力行为发生时处理措施:①寻求帮助;②控制场面;③解除武器;④保护性约束、隔离;⑤专人看护,观察、记录;⑥药物治疗。

2. 自杀行为

(1)发生的征兆评估:①有自杀史;②情绪极度低落,出现自伤行为;③拒食、失眠;

④将自己反锁于室内;⑤存在幻听,尤其是命令性幻听;⑥莫名的负罪感;⑦抑郁患者出现异常的开心;⑧冲动,易激惹;⑨收集和储藏可用来自杀的物品;⑩谈论自杀与死亡,表示想死的意念。

(2) 自杀行为的紧急处理:①立即解除危险因素;②通知医生、医院保卫科;③若心脏骤停应立即进行心肺复苏;④氧气吸入,遵医嘱给予呼吸兴奋剂;⑤意识模糊伴躁动时采取必要的约束保护,防止坠床;⑥清醒后密切观察,防止再度出现自杀行为。

▶ 云视频 16-1　院外徒手心肺复苏

3. 噎食

(1) 噎食的预防:①严密观察患者的病情和药物的不良反应,注意患者有无吞咽困难。②若吞咽反射迟钝,及时采取措施,减少不良反应。③加强饮食护理,对吞咽困难的患者,专人守护进食或喂食;对抢食或暴饮暴食的患者,应单独进食,适当控制其食量。

(2) 噎食发生后的处理:①就地抢救,分秒必争,立即清除口鼻腔内堵塞物;②海姆立克手法急救(也称海姆利希手法);③做好紧急气管切开准备;④若心脏骤停立即进行心肺复苏。

▶ 云视频 16-2　海姆立克急救法

四、医务人员违法的处罚

📖 在线案例 16-1　医院要承担赔偿责任吗?

1. 对医疗机构及其工作人员的处罚

依据《精神卫生法》规定,医疗机构及其工作人员有下列行为之一的,由县级以上人民政府卫生行政部门责令改正,对直接负责的主管人员和其他直接责任人员依法给予或者责令给予降低岗位等级或者撤职的处分;对有关医务人员,暂停六个月以上一年以下执业活动;情节严重的,给予或者责令给予开除的处分,并吊销有关医务人员的执业证书:①违反本法规定实施约束、隔离等保护性医疗措施的;②违反本法规定,强迫精神障碍患者劳动的;③违反本法规定对精神障碍患者实施外科手术或者实验性临床医疗的;④违反本法规定,侵害精神障碍患者的通讯和会见探访者等权利的;⑤违反精神障碍诊断标准,将非精神障碍患者诊断为精神障碍患者的。

2. 对护士的处罚

依据《护士条例》规定,护士在执业活动中有下列情形之一的,由县级以上地方人民政府卫生主管部门依据职责分工责令改正,给予警告;情节严重的,暂停其六个月以上一年以下执业活动,直至由原发证部门吊销其护士执业证书:①发现患者病情危急未立即通知医师的;②发现医嘱违反法律、法规、规章或者诊疗技术规范的规定,未依照本条例第 17 条的规定提出或者报告的;③泄露患者隐私的;④发生自然灾害、公共卫生事件等严重威胁公众生命健康的突发事件,不服从安排参加医疗救护的。

护士在执业活动中造成医疗事故的,依照医疗事故处理的有关规定承担法律责任。

拓展练习 16 - 1 医务人员违法处罚

(曾莉燕)

PPT 课件 复习与自测 更多内容······

第 **三** 篇

生命科学发展
中的法律问题

第十七章 生命科学发展中的法律问题

章前引言

随着现代医学和人类生命技术的发展,人工生殖技术、基因工程、器官移植、安乐死等越来越多地渗入人类社会生活,引发关注与热议。这些现代医学发展中出现的新的生命医疗行为,不仅在一定程度上影响和改变人们的生活,也极大挑战了现代人的生命观、伦理观和法治观。作为护理专业的学生,应了解其立法现状、争议焦点、可能产生的法律问题,并能做出理性分析和评判。

· 学习目标 ·

(1) 知道人工生殖技术、器官移植、基因工程和安乐死的基本概念。

(2) 能说出人工生殖技术和基因工程的主要类型。

(3) 能准确理解我国对器官移植和安乐死的定义。

(4) 能阐述我国关于人工生殖技术的立法现状。

(5) 能简单列举我国关于器官移植的相关法律法规,知道我国关于基因工程的立法现状。

(6) 能简要介绍我国《人体器官移植条例》的主要内容。

(7) 能基于法理学和伦理学的角度分析人工生殖技术、人类器官移植和基因工程可能引发的问题。

思维导图

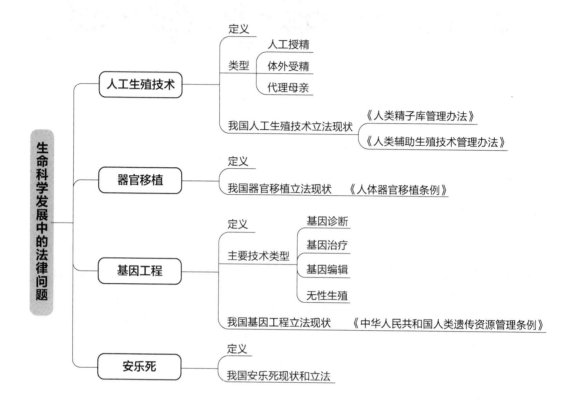

案例导入

　　两岁半的天天，并不知道自己特殊的身世。和别人家不同，天天的爸爸妈妈没有结婚，也没有恋爱，甚至不能说是真的认识。爸爸在35岁那年，通过"代孕群"认识了妈妈，按照两人的协议，以相当于妈妈老家一套小户型房产的价钱，妈妈为爸爸代孕生下天天。怀孕期间，妈妈按"进度"从爸爸这里领取"工资"，天天满月后，妈妈完成"项目"，收尾款，再不打扰。天天百日那天，在爸爸的同意下，妈妈特地从老家赶来看了一眼孩子。两个月后，天天爸爸收到了一张法院的传票，妈妈要争孩子的抚养权，法院一审、二审都驳回了妈妈的请求。但几个月后，妈妈再次把天天爸爸告上了法庭，要求孩子的探视权。

　　问题：

　　如果你是法官，如何审理此案？

第一节　人工生殖技术的法律问题

一、人工生殖技术的概念

1. 人工生殖技术的定义

人工生殖技术是指利用现代医学科学技术手段,通过对配子、合子、胚胎进行人工操作,改变或代替人类自然生殖过程中某一环节或全部过程,以达到受孕和生育目的的技术。我国称之为人类辅助生殖技术,其他国家或地区称之为生殖科技、协助怀孕、人工协助生殖技术等。

> 🔲 拓展阅读 17-1　人类第一例有文字记载的人工授精

2. 人工生殖技术的类型

人工生殖技术一般包括人工授精(artificial insemination,AI)、体外受精(in vitro fertilization,IVF)、代理母亲(surrogate mother,SM)三类。

> 🔲 拓展阅读 17-2　人工生殖技术的类型

二、我国人工生殖技术立法现状

我国人工生殖技术的研究和应用起步晚,但发展迅速。1983 年国内首例使用冷冻精液人工授精获得成功,1986 年我国第一座人类精子库建立。人工生殖技术的应用,在对社会发展带来积极影响的同时,也对我国关于人工生殖技术立法提出了要求。

目前,我国关于人工生殖技术的法规规章包括《人类辅助生殖技术管理办法》《人类精子库管理办法》《人类辅助生殖技术规范》《人类精子库基本标准》《人类精子库技术规范》《实施人类辅助生殖技术的伦理原则》。

我国《人类辅助生殖技术管理办法》第 3 条规定:人类辅助生殖技术的应用应当在医疗机构中进行,以医疗为目的,并符合国家计划生育政策、伦理原则和有关法律规定。禁止以任何形式买卖配子、合子、胚胎。医疗机构和医务人员不得实施任何形式的代孕技术。

对于利用人工生殖技术所生育婴儿的法律地位等问题,我国尚无相关立法。1991 年 7 月最高人民法院在关于"夫妻离婚后人工授精所生子女的法律地位如何确定"的司法解释中指出:在夫妻关系存续期间,双方一致同意进行人工授精,所生子女应视为夫妻双方的婚生子女。

> 🔲 拓展阅读 17-3　国外人工生殖技术立法现状
> 　拓展阅读 17-4　人工生殖技术引发的法律问题

第二节　器官移植的法律问题

📖 在线案例 17-1　他的需求能够被支持吗?

一、器官移植的概念

器官移植是指通过手术等方法,替换体内已损伤的、病态的或者衰竭的器官,一般多指同种异体器官移植。

我国《人体器官移植条例》中将器官移植定义为"摘取人体器官捐献人具有特定功能的心脏、肺脏、肝脏、肾脏或者胰腺等器官的全部或者部分,将其植入接受人身体以代替其病损器官的过程。"细胞、角膜、骨髓等人体组织移植不属于器官移植范畴。

📖 拓展阅读 17-5　器官移植的发展

二、我国器官移植立法现状

2000 年 12 月,我国第一个关于遗体捐献的地方性法规《上海市遗体捐献条例》在上海诞生;2003 年 8 月,深圳市制定并颁布了我国首部器官移植地方性法规《深圳经济特区人体器官捐献移植条例》。

为规范人体器官移植技术临床应用,保证医疗质量和医疗安全,保护患者健康,2006 年 3 月 16 日,卫生部颁布《人体器官移植技术临床应用管理暂行规定》;2006 年 6 月,卫生部印发《肝脏、肾脏、心脏、肺脏移植技术管理规范》,为规范我国人体器官移植技术临床应用发挥了重要作用;2007 年 6 月,《卫生部办公厅关于境外人员申请人体器官移植有关问题的通知》明确提出:"我国人体器官移植优先满足中国公民(包括香港、澳门、台湾永久性居民)""除《医疗广告管理办法》(国家工商行政管理总局、卫生部令第 26 号)规定的内容外,医疗机构不得利用任何方式发布人体器官移植医疗广告";2019 年 1 月 17 日,国家卫生健康委员会颁布《人体捐献器官获取与分配管理规定》,对公民逝世后捐献器官的获取与分配进一步规范与完善;2020 年 8 月,国家卫生健康委员会印发《人体器官移植技术临床应用管理规范(2020 年版)》,取消了开展人体器官移植技术的医疗机构等级限制,加强了医疗机构人体器官移植技术临床应用管理上的要求,进一步明确了开展肝脏、肾脏、心脏、肺脏、胰腺、小肠等人体器官移植技术应分别具备的条件。

2007 年 5 月 1 日,我国《人体器官移植条例》颁布实施,为我国人体器官移植工作的开展提供了制度保证。

《人体器官移植条例》明确指出:

(1) 任何组织或者个人不得以任何形式买卖人体器官,不得从事与买卖人体器官有关的活动。

（2）人体器官捐献应当遵循自愿、无偿的原则。公民享有捐献或者不捐献其人体器官的权利；任何组织或者个人不得强迫、欺骗或者利诱他人捐献人体器官。

（3）任何组织或者个人不得摘取未满18周岁公民的活体器官用于移植。

（4）人体器官移植技术临床应用与伦理委员会不同意摘取人体器官的，医疗机构不得做出摘取人体器官的决定，医务人员不得摘取人体器官。

（5）摘取人体器官，应当在依法判定尸体器官捐献人死亡后进行。从事人体器官移植的医务人员不得参与捐献人的死亡判定。

（6）从事人体器官移植的医务人员应当对人体器官捐献人、接受人和申请人体器官移植手术的患者的个人资料保密。

（7）有下列情形之一，构成犯罪的，依法追究刑事责任：①未经公民本人同意摘取其活体器官的；②公民生前表示不同意捐献其人体器官而摘取其尸体器官的；③摘取未满18周岁公民的活体器官的。

> 拓展阅读 17-6　国外器官移植立法现状
> 拓展阅读 17-7　我国《人体器官移植条例》全文
> 拓展阅读 17-8　人类器官移植引发的法律问题

第三节　基因工程的法律问题

> 在线案例 17-2　"基因编辑婴儿"案

一、基因工程的概念

> 拓展阅读 17-9　"多莉"羊
> 拓展阅读 17-10　人类基因工程引发的法律问题

1. 基因工程的定义

基因工程（genetic engineering）又称基因拼接技术和DNA重组技术，是在分子生物学和分子遗传学综合发展基础上于20世纪70年代诞生的一门崭新的生物技术科学，是生物工程的一个重要分支。

基因工程是指用人为的方法，将所需要的某一供体生物的遗传物质——DNA大分子提取出来，按照需要进行体外重组后导入受体细胞内，使这个基因能在受体细胞内复制和表达，以改变原有的遗传特性从而获得新物种。

2. 基因工程的主要技术类型

目前应用于医药生物领域的基因工程技术主要有基因诊断、基因治疗、基因编辑、无性繁殖、转基因食品等。

二、我国基因工程立法现状

> **拓展阅读 17-11　国外基因工程立法现状**

基因是一种具有重要价值的资源和财富,可被广泛应用于农牧业、食品工业、医药卫生等领域,基因工程具有极其深远的科学意义和社会意义。

我国拥有丰富的基因资源。从 20 世纪 90 年代初开始,我国先后出台了十几部关于基因和基因工程方面的法律规范。1993 年 12 月,国家科学技术委员会发布《基因工程安全管理办法》,从适用范围、安全性评价、申报和审批、安全控制措施等方面对基因工程做了规定,以加强基因工程的安全管理,维护生态平衡。1998 年 9 月,国务院批准实施《人类遗传资源管理暂行办法》,用法律手段对基因实行资源管理。2019 年 3 月,国务院通过《中华人民共和国人类遗传资源管理条例》,自 2019 年 7 月 1 日起施行。

《中华人民共和国人类遗传资源管理条例》相关规定如下:

第 2 条　本条例所称人类遗传资源包括人类遗传资源材料和人类遗传资源信息。人类遗传资源材料是指含有人类基因组、基因等遗传物质的器官、组织、细胞等遗传材料。人类遗传资源信息是指利用人类遗传资源材料产生的数据等信息资料。

第 8 条　采集、保藏、利用、对外提供我国人类遗传资源,不得危害我国公众健康、国家安全和社会公共利益。

第 10 条　禁止买卖人类遗传资源。

为科学研究依法提供或者使用人类遗传资源并支付或者收取合理成本费用,不视为买卖。

第 44 条　违反本条例规定,侵害他人合法权益的,依法承担民事责任;构成犯罪的,依法追究刑事责任。

第四节　安乐死的法律问题

> **在线案例 17-3　痛苦地生,还是安宁地死?**

一、安乐死的基本概念

"安乐死"一词源于希腊语,原意为"舒适、尊严或无痛苦地死亡",它包括两层含义,一是无痛苦死亡,二是无痛致死术。

安乐死的定义有广义和狭义之分。广义的安乐死是指仁慈、宁静地结束生命,包括因为一切心身健康的原因给予致死、任其死亡或自杀,是作为对当事人的一种慈爱行为的解脱式的死亡方式。狭义的安乐死是指对无救治希望而又极端痛苦的人,在自己或其家属的要求下,经过医生的鉴定和法律的认可,采用人工干预的方法使患者在无痛苦状态下度过死亡阶段而结束生命的全过程。

安乐死行为一般分为两大类:积极安乐死指在患者无法忍受疾病终末期的折磨时,采取促使患者死亡的措施,结束其生命,又称为主动安乐死;消极安乐死指对生命垂危患者不给予或撤除治疗措施,任其死亡,又称为被动安乐死。

我国将"安乐死"定义为:患不治之症的患者在垂危状态下,由于精神和躯体的极端痛苦,在患者和其亲友的要求下,经医生认可,处于同情和帮助其免受病痛折磨的目的,用人道方法使患者在无痛苦状态中结束生命过程。

二、我国安乐死现状和立法

1986 年,发生在陕西汉中市的我国首例安乐死案引起了医学界、法学界和伦理学界的关注与讨论。安乐死是一个涉及医学、法学、社会学、伦理学的复杂问题,目前世界各国对安乐死尚未取得一致认识,安乐死在多数国家尚未合法化,围绕安乐死的合法性问题也存在不同的观点和争论。

我国当前尚未对安乐死立法,也未颁布过有关政策、条例。安乐死本身的复杂性带来了立法上的困难,在对安乐死的立法上必须采取谨慎态度并规定严格的限制条件,因此,在我国,针对安乐死的立法仍有待时日。

　拓展阅读 17 - 12　国外安乐死立法现状
　拓展阅读 17 - 13　关于安乐死合法化的争议

（徐　敏）

　PPT 课件　　　复习与自测　　　更多内容……

索　引